Abschlussprüfung

Kaufleute für Groß- und Außenhandelsmanagement – Teil 2

STARK

Mirko Eckhardt studierte Wirtschaftswissenschaften an der Gießener Justus-Liebig-Universität und Wirtschaftspädagogik an der Johann-Wolfgang-Goethe-Universität in Frankfurt.

Seit 1999 unterrichtet er als Diplom-Handelslehrer an der Wirtschaftsschule am Oswaldsgarten (ehemals Friedrich-Feld-Schule) in Gießen. Dort liegt sein Schwerpunkt im Bereich der Schulform „Groß-und Außenhandel", die er seit 2010 leitet.

Seit 2003 arbeitet er im IHK-Prüfungsausschuss „Groß- und Außenhandel" und ist seit 2008 Vorsitzender des Ausschusses.

Mirko Eckhardt lebt mit seiner Familie im Landkreis Gießen.

Christian Bill ist gelernter Bankkaufmann und studierte Wirtschaftspädagogik (M.Sc. Business Education) an der Johann-Wolfgang-Goethe-Universität in Frankfurt.

Seit 2012 unterrichtet er an der Wirtschaftsschule am Oswaldsgarten (ehemals Friedrich-Feld-Schule) in Gießen. Dort liegen seine Schwerpunkte im Lernfeldunterricht der Schulform „Groß- und Außenhandel" und in den Mathematikkursen des Fachhochschulreife-Unterrichts.

Als Mitglied des IHK-Prüfungsausschusses „Groß- und Außenhandel" ist er seit 2017 tätig.

Christian Bill lebt mit seiner Familie im mittelhessischen Wetzlar.

www.stark-verlag.de

Inhalt

Hinweise und Aufgaben verfasst von:
Christian Bill, Mirko Eckhardt

Vorwort

Liebe Auszubildende,

mit dem vorliegenden Band möchten wir Sie effektiv bei Ihrer Vorbereitung auf die Abschlussprüfung zum **Kaufmann/zur Kauffrau für Groß- und Außenhandelsmanagement** unterstützen.

Die **drei enthaltenen Prüfungssets** orientieren sich inhaltlich am Prüfungskatalog für die **IHK-Abschlussprüfung**. Dadurch können wir Ihnen eine zielorientierte Prüfungsvorbereitung ermöglichen.

- In den **Hinweisen und Tipps** zur Abschlussprüfung auf den nachfolgenden Seiten erhalten Sie alle wichtigen Informationen zu den Prüfungsmodalitäten (Prüfungsbereiche, Prüfungsinhalte etc.)
- Die *Bill & Eckhardt KG* ist in allen Prüfungssets als Musterunternehmen zugrunde gelegt. Eine Unternehmensbeschreibung finden Sie in dem **Ausklappbogen**. Zusätzlich sind dort einige Formeln aufgeführt, die für die Abschlussprüfung besonders relevant sind.
- Zu allen Prüfungsaufgaben stehen Ihnen **ausführliche Musterlösungen** mit nützlichen Hinweisen zur Verfügung.
- Für die Prüfungsbereiche **Wirtschafts- und Sozialkunde** sowie **Kaufmännische Steuerung von Geschäftsprozessen** finden Sie im Anschluss an die jeweiligen Prüfungsaufgaben **vorstrukturierte Lösungsbögen**, in die Sie Ihre Lösungen eintragen und später mit den Musterlösungen vergleichen können.

Lesen Sie alle Prüfungsaufgaben gründlich durch, da oft einzelne Worte oder Formulierungen über die richtige Lösung entscheiden (z. B. das Wort „nicht"). Übertragen Sie Ihre Lösungen anschließend sorgfältig in den Lösungsbogen.

Wir wünschen Ihnen viel Erfolg bei Ihrer Abschlussprüfung.

Mirko Eckhardt und Christian Bill

Hinweise und Tipps
Kaufleute im Groß- und Außenhandelsmanagement

1 Die Prüfungsbereiche

Die Abschlussprüfung der Kaufleute im Groß- und Außenhandelsmanagement mit Fachrichtung „Großhandel" besteht aus **vier Prüfungsbereichen**. Davon sind die Prüfungsbereiche **Prozessorientierte Organisation von Großhandelsgeschäften**, **Wirtschafts- und Sozialkunde** sowie **Kaufmännische Steuerung von Geschäftsprozessen** in schriftlicher Form abzulegen. Das **fallbezogene Fachgespräch** wird als letzter Prüfungsbereich in mündlicher Form durchgeführt.

Übersicht Prüfungsbereiche und Gewichtung

Prüfungsbereiche	Prüfungsform	Prüfungsdauer	Gewichtung*
Prozessorientierte Organisation von Großhandelsgeschäften	schriftlich	120 Minuten	30 %
Wirtschafts- und Sozialkunde	schriftlich	60 Minuten	10 %
Kaufmännische Steuerung von Geschäftsprozessen	schriftlich	60 Minuten	15 %
Fallbezogenes Fachgespräch	mündlich	30 Minuten	20 %

*Die zu 100 % fehlenden 25 % werden bereits im ersten Teil der schriftlichen Abschlussprüfung vergeben.

2 Die Prüfungsinhalte

Die Prüfung orientiert sich

- am Rahmenlehrplan für den Ausbildungsberuf Kaufmann/Kauffrau für Groß- und Außenhandelsmanagement (Beschluss der Kultusministerkonferenz vom 13.12.2019)
- an der Verordnung über die Berufsausbildung zum Kaufmann für Groß- und Außenhandelsmanagement und zur Kauffrau für Groß- und Außenhandelsmanagement (Groß-und-Außenhandelsmanagement-Kaufleute-Ausbildungsverordnung – GuAMKflAusbV) vom 19.03.2020 (veröffentlicht im Bundesgesetzblatt Teil I Nr. 16 vom 01.04.2020)

Anforderungen in den jeweiligen schriftlichen Prüfungsbereichen:

Anforderungen Prüfungsbereich: Prozessorientierte Steuerung von Großhandelsgeschäften

Lernfeld	Bezeichnung
2	Aufträge kundenorientiert bearbeiten
3	Beschaffungsprozesse durchführen
6	Ein Marketingkonzept entwickeln
7	Außenhandelsgeschäfte anbahnen
9	Geschäftsprozesse mit digitalen Werkzeugen unterstützen
11	Waren lagern
12	Warentransporte abwickeln

Anforderungen Prüfungsbereich: Wirtschafts- und Sozialkunde

Lernfeld	Bezeichnung
1	Das Unternehmen präsentieren und die eigene Rolle mitgestalten
5	Kaufverträge erfüllen
6	Ein Marketingkonzept entwickeln

Anforderungen Prüfungsbereich: Kaufmännische Steuerung von Geschäftsprozessen

Lernfeld	Bezeichnung
4	Wertströme erfassen und dokumentieren
8	Wertströme auswerten
10	Kosten- und Leistungsrechnung durchführen
13	Ein Projekt im Großhandel planen und durchführen

3 Prüfungsgestaltung

Prozessorientierte Steuerung von Großhandelsgeschäften

Im Prüfungsbereich **Prozessorientierte Organisation von Großhandelsgeschäften** müssen Sie sogenannte **ungebundene Aufgaben** bearbeiten, bei denen Sie die Antworten frei formulieren müssen. Außerdem müssen Berechnungen durchgeführt, Tabellen ausgefüllt oder Grafiken interpretiert werden. In diesem Prüfungsbereich gibt es Teilpunkte.

Kaufmännische Steuerung von Geschäftsprozessen/ Wirtschafts- und Sozialkunde

Die Prüfungsbereiche **Kaufmännische Steuerung von Geschäftsprozessen** und **Wirtschafts- und Sozialkunde** bestehen aus gebundenen Aufgaben. Dort werden oftmals Antworten vorgegeben und die Kennziffern der von Ihnen als richtig erkannten Antworten in einen **Lösungsbogen** übertragen. Es können auch **Rechenergebnisse** und **Daten** bestimmt werden müssen, außerdem kann eine Reihenfolge oder eine Zuordnung gesucht werden. Bei Buchungssätzen werden die Ziffern vor den Konten in den Lösungsbogen übertragen. Die Bewertung findet als Globalbewertung statt, die Auswertung erfolgt maschinell. Jede Aufgabe ist dabei gleich gewichtet.

In jedem schriftlichen Prüfungsbereich können **maximal 100 Punkte** erzielt werden.

4 Hilfsmittel

In der Abschlussprüfung sind keine Hilfsmittel in digitaler Form und auch keine Formelsammlung zulässig, einzig ein **NICHT programmierbarer Taschenrechner** ist erlaubt.

Ein ausführlicher Kontenrahmen steht nicht zur Verfügung. Zur Bearbeitung der Kontierungsaufgaben wird in jeder Aufgabe eine begrenzte Anzahl an **Konten zur Auswahl** angegeben. Die Kennziffern der angegebenen Konten sind dann in den Lösungsbogen einzutragen.

5 Bewertungsschlüssel

Für alle Prüfungsbereiche setzt sich der Bewertungsschlüssel wie folgt zusammen:

Übersicht Punkteverteilung

Schulnote	Prädikat	Punkte
1	sehr gut	100–92
2	gut	unter 92–81
3	befriedigend	unter 81–67
4	ausreichend	unter 67–50
5	mangelhaft	unter 50–30
6	ungenügend	unter 30–0

6 Bestehensregelungen

Grundsätzlich gilt:
Die Abschlussprüfung ist **bestanden**, wenn die Prüfungsleistungen wie folgt bewertet worden sind:

1. im Gesamtergebnis von Teil 1 und Teil 2 mit mindestens „ausreichend“,
2. im Ergebnis von Teil 2 mit mindestens „ausreichend“,
3. in mindestens drei Prüfungsbereichen von Teil 2 mit mindestens „ausreichend“ und
4. in keinem Prüfungsbereich von Teil 2 mit „ungenügend“.

mündliche Ergänzungsprüfung

Die **mündliche Ergänzungsprüfung** bezieht sich auf die schriftlichen Prüfungsbereiche. Sie wird nur ermöglicht, wenn in einem Prüfungsbereich mindestens die Note „ausreichend“, in den beiden anderen Prüfungsbereichen jedoch die Note „mangelhaft“ erzielt wurde. Die mündliche Ergänzungsprüfung findet in einem der beiden mit mangelhaft bewerteten Bereiche statt und dauert in der Regel **15 Minuten**. Sie umfasst, im Gegensatz zum fallbezogenen Fachgespräch, **keine Vorbereitungszeit** und es können wie in allen Prüfungsbereichen **maximal 100 Punkte** erzielt werden.

Bei der Ermittlung des **neuen Ergebnisses** für den Prüfungsbereich werden die Ergebnisse der schriftlichen Arbeit und der mündlichen Ergänzungsprüfung im Verhältnis zwei zu eins gewichtet:
(Punkte schriftlich × 2 + Punkte mündliche Ergänzungsprüfung) : 3
= neue Punktzahl des Prüfungsbereiches
= Note entsprechend Punkteschlüssel

Aufgaben im Stil der Abschlussprüfung
Prüfung I

Teil 1: Prozessorientierte Organisation von Großhandelsgeschäften

Verkauf kundenorientiert planen und durchführen

24 Punkte
25 Minuten

1. Aufgabe

Situation

Die Bill & Eckhardt KG möchte in Zukunft den Warenbereich „Fahrrad und Fahrradzubehör“ stärker ausbauen, da hier große Wachstumspotenziale zu erwarten sind.

Umsatzstatistik Warenbereich „Fahrrad und Fahrradzubehör“

Warengruppen	Umsatz in Euro 2021	Umsatz in Euro 2022	Umsatz in Euro 2023
E-Bikes	125.000	155.000	186.000
Trekkingbikes	140.000	130.000	147.000
Mountainbikes	110.000	85.000	62.000

6 Punkte

1.1 Führen Sie für die Warengruppen des Bereichs „Fahrrad und Fahrradzubehör“ eine Deckungsbeitragsrechnung durch. Ergänzen Sie die fehlenden Werte in der Tabelle.

Warengruppen	E-Bikes	Trekkingbikes	Mountainbikes
Umsatz 2023	186.000	147.000	62.000
Wareneinsatz	99.000	88.000	52.000
Handlungskosten	89.500	78.500	50.000
Davon variabel	25 %	20 %	30 %
Variable Handlungskosten			
Deckungsbeitrag			

3 Punkte

1.2 Die Bill & Eckhardt KG plant eine Sortimentserweiterung durch Aufnahme neuer Produkte in die vorhandenen Warengruppen des Bereichs „Fahrrad und Fahrradzubehör“.

Welche Warengruppe kommt am ehesten für eine Sortimentserweiterung infrage? Begründen Sie Ihre Antwort durch Analyse der Umsatzstatistik und der Deckungsbeitragsrechnung.

7 Punkte

1.3.1 Die Bill & Eckhardt KG erhält von einem E-Bike-Hersteller ein Angebot für ein Sondermodell, das sich durch ein besonders geringes Gewicht auszeichnet:

Modell: E-motion light, Damen, Rahmenhöhe 50 cm
Bezugspreis, netto: 1.622,18 €

Ermitteln Sie rechnerisch nachvollziehbar unter Angabe des vollständigen Kalkulationsschemas, zu welchem Listenpreis die Bill & Eckhardt KG ihren Kunden das Rad anbieten kann, wenn folgende Angaben berücksichtigt werden:

Handlungskostenzuschlagsatz	40 %
Gewinnzuschlag	10 %
Kundenskonto	2 %
Kundenrabatt	15 %

6 Punkte

1.3.2 Die Bill & Eckhardt KG möchte die Gewinnschwelle für das in der vorherigen Aufgabe kalkulierte E-Bike „E-motion light, Damen" ermitteln. Es wird mit einer Absatzmenge von 60 Stück kalkuliert.

Bezugspreis pro Stück	1.622,18 €
Durchschnittlicher Verkaufspreis pro Stück	2.500,00 €
Handlungskosten (insgesamt)	43.669,20 €

(davon sind 277,82 € variable Kosten pro Stück)

Ermitteln Sie unter Angabe eines nachvollziehbaren Rechenweges die Gewinnschwelle (in Stück)

2 Punkte

1.3.3 Erläutern Sie das ermittelte Ergebnis.

Einkauf von Waren und Dienstleistungen marktorientiert planen, organisieren und durchführen; Lagerlogistik planen, steuern und abwickeln

15 Punkte
20 Minuten

2. Aufgabe

2.1 Aus der Lagerdatei der Bill & Eckhardt KG liegen aus dem vergangenen Jahr folgende Daten vor:

Warenanfangsbestand	1.400.000 €
Warenzugänge	4.200.000 €
Warenendbestand	1.000.000 €
Summe der 12 Monatsendbestände	5.100.000 €

5 Punkte

2.1.1 Ermitteln Sie unter Angabe des Rechenweges aus den vorliegenden Daten die Umschlagshäufigkeit. Berücksichtigen Sie beim durchschnittlichen Lagerbestand die 12 Monatsendbestände!

2 Punkte

2.1.2 Der Branchenverband hat ermittelt, dass bei vergleichbaren Unternehmen die durchschnittliche Lagerdauer 30 Tage beträgt. Beurteilen Sie auf dieser Basis das Ergebnis aus Aufgabe 2.1.1.

4 Punkte

2.1.3 Nennen Sie **zwei Möglichkeiten**, wie die Bill & Eckhardt KG die Umschlagshäufigkeit erhöhen kann.

4 Punkte

2.1.4 Die Bill & Eckhardt KG benötigt für ihre neuen E-Bikes zusätzlichen Lagerplatz. Dies soll unter anderem durch Senkung der bisherigen Melde- bzw. Mindestbestände erreicht werden.
Erläutern Sie die Begriffe Mindestbestand und Meldebestand.

Verkauf kundenorientiert planen und durchführen

15 Punkte
15 Minuten

3. Aufgabe

Situation

Im Rahmen einer internationalen Fahrradmesse ist ein großer norwegischer Radhändler auf das Sortiment der Bill & Eckhardt KG aufmerksam geworden.
Ihnen liegt das Bestellfax der Firma Björnsen & Tönnesen Bikes AS vor.

… mit Bezug auf Ihr Angebot vom … bestellen wir mit Liefertermin bis … folgende Räder:

10 Stk. E-motion light	Damen	Rahmenhöhe 50 cm	Netto-LP pro Stück	2.998,99 €
10 Stk. E-motion light, XL	Herren	Rahmenhöhe 60 cm	Netto-LP pro Stück	3.299,99 €
			Gesamtpreis:	62.989,80 €

Wir bitten um Fakturierung in NOK und bestätigen Ihre folgenden Liefer- und Zahlungsbedingungen:

Lieferbedingung: FOB Hamburg
Zahlungsbedingung: L/C

2 Punkte

3.1 Erläutern Sie die angegebene Lieferbedingung bezüglich Kostenübernahme und Gefahrenübergang.

4 Punkte

3.2 Welche alternative Lieferbedingung (FCA oder CIF) wäre für die Bill & Eckhardt KG bei gleichem Gesamtpreis besser? Begründen Sie.

4 Punkte **3.3** Nennen Sie **je einen Vor- und Nachteil** für die Bill & Eckhardt KG, der sich aus der angegebenen Zahlungsbedingung im Vergleich zum Dokumenteninkasso ergibt.

Vorteil: ______________________________

____

Nachteil: ______________________________

____

3 Punkte **3.4** Unterscheiden Sie die Dokumente Air Waybill, CMR Frachtbrief und Bill of Lading anhand folgender Tabelle:
Setzen Sie bei der richtigen Zuordnung ein Kreuz.

	Flugzeug	**Schiff**	**LKW**
Air Waybill			
CMR Frachtbrief			
Bill of Lading			

2 Punkte **3.5** Ermitteln Sie den Auftragswert in NOK, wenn folgender Umrechnungskurs zugrunde gelegt wird: 1 € = 9,266 NOK

Handelsspezifische Beschaffungslogistik planen und steuern

18 Punkte
25 Minuten

4. Aufgabe

Situation

Sie sind im Wareneingang der Bill & Eckhardt KG tätig. Ein Frachtführer liefert eine Reihe von Kartons ab. Der Fahrer hat es eilig und verlangt nach Übergabe der Waren von Ihnen eine Unterschrift.

3 Punkte **4.1** Beschreiben Sie **drei Tätigkeiten**, die Sie als Mitarbeiter*in der Bill & Eckhardt KG durchführen müssen, solange der Frachtführer noch anwesend ist.

____

____

2 Punkte **4.2** Bei der Kontrolle stellen Sie fest, dass mehrere Kartons stark eingedrückt sind. Wie müssen Sie in Anwesenheit des Frachtführers vorgehen?

____

____

3 Punkte

4.3 Bei der weiteren Kontrolle liegen Ihnen die abgebildeten Belege (1 und 2) vor. Überprüfen Sie die Belege und begründen Sie anhand dieser, ob korrekt geliefert wurde.

____

____

____

Anlage Beleg 1 zu Aufgabe 4.3

Bill & Eckhardt

Bill & Eckhardt KG • Schlossallee 22 • 35390 Gießen

Fröhlich Bikes GmbH
Schwarzwaldstr. 76
79089 Freiburg

Bestellung Nr: 101-557767-09 Datum/Zeichen: 02.11.20XX/ab

Sehr geehrte Damen und Herren,

vielen Dank für Ihr Angebot vom 30.10.20XX.

Liefern Sie uns bitte:

40 Stück Trekkingräder der Marke Fast Lane, schwarz	Listenpreis je Stück	899,95 EUR
20 Stück E-Bikes der Marke Super Speed	Listenpreis je Stück	1.889,99 EUR
20 Stück Mountainbikes der Marke DownHill	Listenpreis je Stück	1.669,95 EUR

Gemäß Ihren Liefer- und Zahlungsbedingungen Einkaufsrabatt: 10 Prozent
Zahlungsbedingungen: 10 Tage mit 3 % Skonto, 30 Tage netto
Lieferbedingungen: frei Haus per Spedition
Lieferzeit: 10 Tage

Mit freundlichen Grüßen

Bill & Eckhardt KG
i. V. Johanna Huber

Anlage Beleg 2 zu Aufgabe 4.3

Fröhlich Bikes GmbH

Fröhlich Bikes GmbH • Schwarzwaldstr. 76 • 79089 Freiburg

Bill & Eckhardt KG
Schlossallee 22
35390 Gießen

Ihre Bestellung vom: 02.11.20XX
Bestellnummer: 101-557767-09
Ansprechpartner: Anna Moser
Versandart: Spedition
Lieferbedingung: frei Haus

Lieferschein Nr. 240817

Datum: 03.11.20XX

Menge	**Inhalt**
30 Stück	Trekkingräder der Marke Fast Lane, schwarz
20 Stück	E-Bikes der Marke Slow Motion
20 Stück	Mountainbikes der Marke DownHill

Lieferung erhalten: ______________________

Beanstandungen: ______________________

Datum/Unterschrift Empfänger: ______________________

Unterschrift Frachtführer: ______________________

10 Punkte **4.4** Entwerfen Sie das notwendige Schreiben an den Lieferer, in dem die Bill & Eckhardt KG ihre Rechte (vgl. Aufgabe 4.3) geltend macht. Nutzen Sie die vorliegende Maske.

Bill & Eckhardt

Bill & Eckhardt KG · Schlossallee 22 · 35390 Gießen

Tel.: 0641 14567-0
Fax: 0641 14567-82

Ihr Zeichen, Ihre Nachricht	Unser Zeichen, unsere Nachricht	Telefon-Durchwahl	Datum

Bill & Eckhardt KG, Sitz Gießen Handelsregister Amtsgericht Gießen HRA 20 307 Geschäftsführer: Mirko Eckhardt, Christian Bill	Bankverbindung Stadtsparkasse Gießen IBAN: DE99 7015 0000 0009 4126 59 BIC: BEGHMSA2NUL USt-IdNr.: DE987654321

Verkauf kundenorientiert planen und durchführen; Distribution planen und steuern

12 Punkte
15 Minuten

5. Aufgabe

Situation

Die Bill & Eckhardt KG steht vor der Entscheidung, wie sie ihr Absatzgebiet erweitern soll. Dabei kann sie entweder auf eigene Absatzorgane oder unternehmensfremde Absatzhelfer zurückgreifen. Zur Diskussion stehen demnach entweder der Einsatz von Handelsvertretern oder Reisenden.

2 Punkte

5.1 Die Bill & Eckhardt KG entscheidet sich zunächst für den Einsatz von Handelsvertretern. Nennen Sie jeweils **einen Vorteil und einen Nachteil**, der sich beim Einsatz von Handelsvertretern gegenüber einem Einsatz von Reisenden für die Bill & Eckhardt KG ergibt.

Vorteil: ______________________________

____

Nachteil: ______________________________

____

6 Punkte

5.2 Ermitteln Sie unter Angabe des Rechenweges den Jahresumsatz, ab dem die Bill & Eckhardt KG sich allein aus Kostengründen für einen Reisenden entscheiden sollte, wenn von den folgenden Rahmenbedingungen auszugehen ist!

Kosten für Reisenden		Kosten für Handelsvertreter
Fixum pro Monat:	2.000 €	Provision: 7 % vom Umsatz
Sonstige Kosten pro Monat:	500 €	
Provision:	3 % vom Umsatz	

4 Punkte

5.3 In der Unternehmensleitung der Bill & Eckhardt KG wird über E-Commerce als neuen Absatzweg diskutiert. Erläutern Sie **zwei Möglichkeiten**, neue Absatzgebiete durch E-Commerce zu erschließen.

Einkauf von Waren und Dienstleistungen marktorientiert planen, organisieren und durchführen

16 Punkte
20 Minuten

6. Aufgabe

Situation

Aufgrund der Marktanalyse (vgl. Aufgabe 1) ist die Bill & Eckhardt KG zur Entscheidung gekommen, den Bereich E-Bikes stärker auszubauen.

Dazu liegen Ihnen die auszugsweise abgedruckten Angebote (gleichwertige E-Bikes) vor:

Angebot A	Listenpreis je E-Bike 990 € netto zzgl. Umsatzsteuer. Der Lieferer gewährt ab 50 Stück einen Mengenrabatt in Höhe von 10 %. Bei Mengen ab 100 Stück einen Mengenrabatt von 20 %. Das Zahlungsziel beträgt 30 Tage, bei Zahlung innerhalb von 10 Tagen werden 2 % Skonto gewährt. Die Bezugskosten betragen 180 € pro Lieferung.

Angebot B	Für 90 angefragte Stück E-Bikes beträgt der Listenpreis gesamt 87.300 €. Es werden 5 % Rabatt und 3 % Skonto bei Zahlung innerhalb von 10 Tagen gewährt. Das Zahlungsziel beträgt 30 Tage. Die Lieferung erfolgt frei Haus.

7 Punkte

6.1 Ermitteln Sie den günstigsten Bezugspreis für **ein E-Bike** bei einer Bestellung von 90 Stück. Für welches Angebot würden Sie sich entscheiden?

5 Punkte **6.2** Ermitteln Sie den Kostenvorteil, wenn statt 90 Stück 100 Stück des in Aufgabe 6.1 ausgewählten Angebotes an E-Bikes bestellt werden.

4 Punkte **6.3** Der Ausbau des Bereichs E-Bikes führt zu Lagerplatzproblemen. Sie werden beauftragt, Informationen über Lagerhalter zu sammeln. Nennen Sie in diesem Zusammenhang je **zwei** Vor- und Nachteile der Fremdlagerung.

100 Punkte
60 Minuten

Teil 2: Wirtschafts- und Sozialkunde

Tragen Sie die Lösungen der Aufgaben in die Kästchen auf dem Lösungsbogen ein (siehe Seite 27).

1. Aufgabe

Geben Sie an, welche Aussage über den Bedarf richtig ist.

1. Der Bedarf ist die Summe der Bedürfnisse, für die Kaufkraft vorhanden ist.
2. Man unterscheidet Luxusbedarf und Kulturbedarf.
3. Nur Existenzbedürfnisse werden als Bedarf bezeichnet.
4. Der Bedarf ist die Summe aller Bedürfnisse.
5. Bedarf führt automatisch zu Nachfrage.

Situation zur Aufgabe 2

Ihrer Abteilungsleiterin, Frau Volk, wird von Frau Eckhardt-Seitz (Prokuristin der Bill & Eckhardt KG) die allgemeine Handlungsvollmacht erteilt.

2. Aufgabe

Der Geschäftsführer der Bill & Eckhardt KG, Christian Bill, stimmt der Erteilung der allgemeinen Handlungsvollmacht an Frau Volk nicht zu. Wie ist die Rechtslage?

1. Die Prokuristin Frau Eckhardt-Seitz ist nicht befugt, allgemeine Handlungsvollmachten zu erteilen.
2. Herr Bill hätte vor der Erteilung der allgemeinen Handlungsvollmacht an Frau Volk seine Zustimmung geben müssen.
3. Die Erteilung der allgemeinen Handlungsvollmacht ist ordnungsgemäß erfolgt und somit gültig.
4. Die Erteilung der allgemeinen Handlungsvollmacht hätte schriftlich erfolgen müssen und ist daher ungültig.
5. Ohne Eintragung ins Handelsregister ist die Erteilung ohnehin ungültig.

3. Aufgabe

Die Bill & Eckhardt KG verkauft an die Fröhlich Bikes GmbH.
Im Kaufvertrag vom 07.12.20XX steht die Klausel „Es gelten die Allgemeinen Geschäftsbedingungen der Bill & Eckhardt KG“.

Was sind Allgemeine Geschäftsbedingungen?

1. Es handelt sich um Vertragsbedingungen, die im Handelsgesetzbuch (HGB) zu finden sind.
2. Es handelt sich um vorformulierte Vertragsbestandteile, die im Bürgerlichen Gesetzbuch (BGB) zu finden sind.
3. Es sind vorformulierte Vertragsbedingungen der Bill & Eckhardt KG, die Vertragsbestandteil werden, wenn keine zwingenden gesetzlichen Regelungen entgegenstehen.
4. Es handelt sich um allgemeine Vertragsbedingungen, die nicht eingeschränkt werden dürfen, da der Grundsatz der Vertragsfreiheit gilt.
5. Es handelt sich um Bedingungen, die immer Vorrang haben, auch vor persönlichen Absprachen.

4. Aufgabe

Ihre Arbeitskollegin Leonie Süß bitte Sie, ihr bei der Einkommensteuererklärung zu helfen.

Geben Sie an, welche Position nicht unter den steuerlichen Begriff der Werbungskosten fällt.

1. Fortbildungskosten
2. Beiträge zu Haftpflichtversicherungen
3. Gewerkschaftsbeiträge
4. Aufwendungen für Fahrten zwischen Wohnung und 10 km entfernter Arbeitsstätte
5. Aufwendungen für Fachliteratur im ausgeübten Beruf
6. Berufsbekleidung

Situation zu den Aufgaben 5 bis 7

Die abgebildete Grafik zeigt Ihnen, wie im Modell der vollständigen Konkurrenz für ein Gut die Bildung des Marktpreises funktioniert.

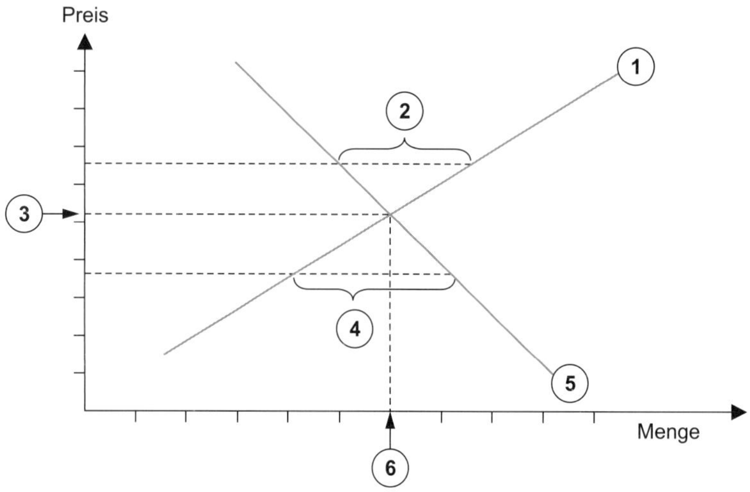

5. Aufgabe

Ordnen Sie zu, indem Sie die Kennziffern von 3 der insgesamt 6 Bestandteile der Grafik in die Kästchen neben den Bedeutungen eintragen! Übertragen Sie ihre senkrecht angeordneten Lösungsziffern in der Reihenfolge von links nach rechts in den Lösungsbogen.

Bestandteile der Grafik	Bedeutungen
❶ Bestandteil 1	☐ Nachfragekurve
❷ Bestandteil 2	☐ Gleichgewichtsmenge
❸ Bestandteil 3	☐ Angebotsüberhang
❹ Bestandteil 4	
❺ Bestandteil 5	
❻ Bestandteil 6	

6. Aufgabe

Prüfen Sie, welche Wirkung eine Verschiebung der Nachfragekurve nach links auf die dargestellte Marktsituation hat!

1. Die Gleichgewichtsmenge steigt, der Gleichgewichtspreis steigt.
2. Die Gleichgewichtsmenge steigt, der Gleichgewichtspreis sinkt.
3. Die Gleichgewichtsmenge sinkt, der Gleichgewichtspreis sinkt.
4. Die Gleichgewichtsmenge bleibt unverändert, der Gleichgewichtspreis sinkt.
5. Die Gleichgewichtsmenge bleibt unverändert, der Gleichgewichtspreis steigt.

7. Aufgabe

Entscheiden Sie, welche Situation zu einer Preiserhöhung führt!

1. Die Nachfrage und das Angebot bleiben gleich.
2. Die Nachfrage sinkt bei gleichbleibendem Angebot.
3. Die Nachfrage sinkt stärker als das Angebot.
4. Die Nachfrage steigt stärker als das Angebot.

8. Aufgabe

Die Bill & Eckhardt KG führt in ihrem Sortiment unter anderem die Produkte A, B und C, die sie an Sportfachgeschäfte verkauft. Alle Produkte stammen von dem gleichen Hersteller (Tennis Pur GmbH), dessen Situation am Markt variiert. Produkt A (Tennisbälle) ist ein Artikel, den auch viele andere Hersteller anbieten und für den es viele Nachfrager gibt. Produkt B (spezielle Tennisschuhe) hingegen wird lediglich von vier weiteren Herstellern angeboten. Produkt C (spezieller Tennisschläger) ist sogar ein Produkt, das aufgrund eines Patentschutzes ausschließlich von der Tennis Pur GmbH hergestellt wird.

Je nach Anzahl der Marktteilnehmer auf der Angebots- bzw. Nachfrageseite lassen sich für die drei Produkte verschiedene Marktformen unterscheiden. Ordnen Sie zu, indem Sie die Kennziffern der 3 korrekten von insgesamt 7 Marktformen in die Kästchen neben den Produkten eintragen.

Marktformen	Produkte
❶ Polypol	☐ A
❷ Nachfrageoligopol	☐ B
❸ Angebotsmonopol	☐ C
❹ Angebotsoligopol	
❺ Nachfragemonopol	
❻ Zweiseitiges Monopol	
❼ Zweiseitiges Oligopol	

9. Aufgabe

Es gibt Unterschiede zwischen dem nominalen und dem realen Bruttoinlandsprodukt. Stellen Sie fest, welche Information zum realen Bruttoinlandsprodukt einer Volkswirtschaft zutreffend ist.

1. Es bezieht im Gegensatz zum nominalen die Einwohnerzahl eines Landes mit ein.
2. Es wächst in einer Periode nur um die Zunahme an erzeugten Gütern und Dienstleistungen, da Preisniveauveränderungen rausgerechnet werden.
3. Es wächst in einer Rechnungsperiode um die jeweiligen Preisniveauerhöhungen.
4. Es entspricht dem nominalen Bruttonationaleinkommen eines Jahres.
5. Es ist in jeder Rechnungsperiode größer als das nominale Bruttoinlandsprodukt.

10. Aufgabe

Ordnen Sie anhand der folgenden Indikatoren dem Jahr 2018 die passende Konjunkturphase zu:

	Wirtschaftswachstum	Inflationsrate	Arbeitslosenquote
2016	1,3 %	1,5 %	7,1 %
2017	1,9 %	1,8 %	5,8 %
2018	3,5 %	2,8 %	3,9 %

1. Depression
2. Expansion
3. Boom
4. Rezession

11. Aufgabe

Der 22-jährige Daniel Glücklos hat nach drei Jahren seine Ausbildung erfolgreich abgeschlossen. Er wird jedoch von seinem Ausbildungsbetrieb nicht weiterbeschäftigt.
Er erkundigt sich bei Ihnen, ob ihm Leistungen der Sozialversicherung zustehen.

Hat Herr Glücklos nach einer fristgerechten persönlichen Arbeitslosmeldung einen Anspruch auf Arbeitslosengeld I?

1. Er hat keinen Anspruch auf Arbeitslosengeld I, weil er weniger als drei Jahre Beiträge zur Arbeitslosenversicherung geleistet hat.
2. Er hat erst drei Monate nach Ausbildungsende Anspruch auf Arbeitslosengeld I, da zunächst eine Sperrfrist von drei Monaten gilt.
3. Er hat einen Anspruch auf Arbeitslosengeld I, weil während der Ausbildungszeit mehr als 12 Monate Beiträge zur Arbeitslosenversicherung geleistet wurden.
4. Er hat keinen Anspruch auf Arbeitslosengeld I, weil er als Auszubildender während der Ausbildungszeit keine Beiträge zur Arbeitslosenversicherung geleistet hat.
5. Er hat einen Anspruch auf Arbeitslosengeld I, da er das 21. Lebensjahr vollendet hat.

12. Aufgabe

Die Bill & Eckhardt KG kauft 30 neue Bürostühle für ihre Mitarbeiter.
Stellen Sie fest, wann die Bill & Eckhardt KG Eigentümerin der Stühle wird!

1. Mit Unterzeichnung des Kaufvertrages durch den Geschäftsführer, Herrn Eckhardt.
2. Mit der Übergabe an die Mitarbeiter.
3. Mit der rechtzeitigen Zahlung des Kaufpreises per Banküberweisung.
4. Mit der Annahme der Stühle im Wareneingang der Bill & Eckhardt KG.

13. Aufgabe

Prüfen Sie, bei welcher Maßnahme der Bill & Eckhardt KG ein Zielkonflikt zwischen wirtschaftlichen und ökologischen Zielen vorliegt.

1. Die Bill & Eckhardt KG verkauft erfolgreich E-Bikes als alternatives Fortbewegungsmittel zum Auto.
2. Die Bill & Eckhardt KG versucht, verstärkt Produkte aus Deutschland statt aus Fernost einzukaufen, da diese profitabler sind.
3. Es soll nach und nach darauf verzichtet werden, elektronische Dokumente zusätzlich noch auszudrucken.
4. Die Bill & Eckhardt KG verkauft noch Produkte aus Asien, um ihren Gewinn zu maximieren.
5. Es wird darauf geachtet, weniger Verpackungsmaterial zu verwenden.

14. Aufgabe

Ein volljähriger Auszubildender der Bill & Eckhardt KG erhält acht Monate nach Ausbildungsbeginn die Möglichkeit, kurzfristig eine Ausbildung als Physiotherapeut zu beginnen. Wie ist die Rechtslage?

1. Der Auszubildende kann das Ausbildungsverhältnis nach der Probezeit nur kündigen, wenn der Ausbildende seine Pflichten nicht erfüllt.
2. Sofortige Vertragsauflösung ist möglich, wenn die Bill & Eckhardt KG mit dem Auszubildenden einen Aufhebungsvertrag abschließt.
3. Der Auszubildende muss das Ausbildungsverhältnis mit einer Kündigungsfrist von einer Woche schriftlich kündigen.
4. Eine Kündigung durch den Auszubildenden ist nicht möglich.
5. Der Auszubildende kann das Ausbildungsverhältnis ohne Einhaltung einer Kündigungsfrist auflösen, weil ein wichtiger Grund vorliegt.

15. Aufgabe

Prüfen Sie, welche **2 der folgenden konjunkturpolitischen Maßnahmen** konjunkturbelebend wirken.

1. Erhöhung von Subventionen für Unternehmen im Umweltschutzsektor
2. Erhöhung der Mehrwertsteuer
3. Reduzierung öffentlicher Ausgaben
4. Senkung der Abschreibungssätze
5. Erhöhung der Sparanreize für private Haushalte
6. Zusätzliche Kreditaufnahme des Staates bei der Bundesbank zur Finanzierung staatlicher Aufträge

16. Aufgabe

Sie sind als Mitarbeiter*in der Bill & Eckhardt KG beauftragt, die verschiedenen Vertriebswege/Kundensegmente zu überprüfen und der Geschäftsleitung eine eventuelle Neuausrichtung vorzuschlagen. Das vorliegende Diagramm zeigt die Umsatzverteilung im Einzelhandel mit Fahrrädern in Deutschland nach Vertriebswegen von 2011 bis 2021.

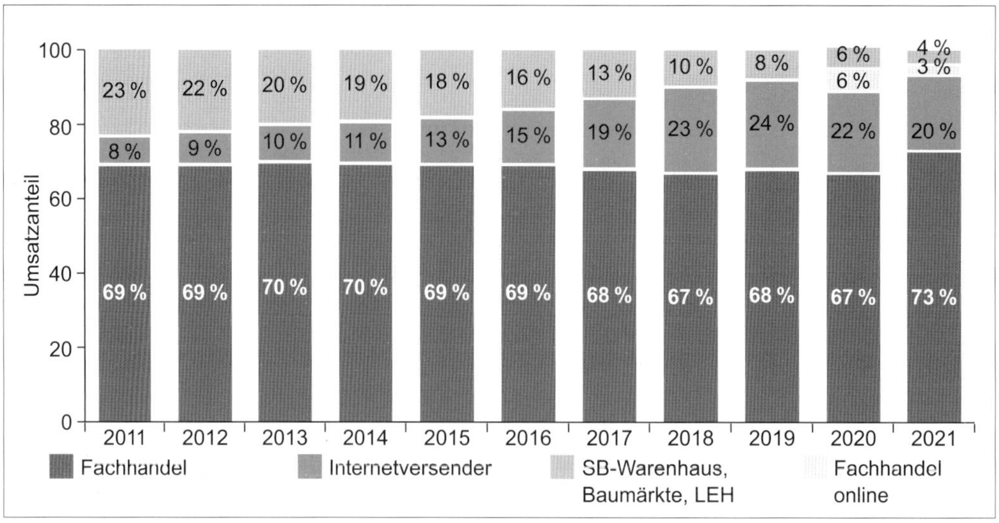

eigene Darstellung: Daten nach ZIV – Zweirad Industrie Verband: Zahlen – Daten – Fakten zum Fahrradmarkt in Deutschland 2017 & Marktdaten Fahrräder und E-Bikes 2021

Stellen Sie anhand der Abbildung fest, welche **zwei Aussagen** zutreffend sind!

1. Der Umsatzanteil über den Vertriebsweg *SB-Warenhaus, Baumarkt, LEH* ist seit 2011 kontinuierlich gefallen.
2. Der Vertriebsweg *Internetversender* wird den Vertriebsweg *SB-Warenhaus, Baumarkt, LEH* als Zweitplatzierten, was den Umsatzanteil angeht, vermutlich in den nächsten Jahren ablösen.
3. Der Vertriebsweg *Fachhandel* hat trotz steigender Konkurrenz durch den Vertriebsweg *SB-Warenhaus, Baumarkt, LEH* seine Spitzenposition beim Umsatzanteil gehalten.
4. Der Vertriebsweg *Fachhandel* hat trotz steigender Konkurrenz durch die Vertriebswege *Internetversender/Fachhandel online* seine Spitzenposition beim Umsatzanteil gehalten.
5. Der Umsatzanteil des Vertriebsweges *Fachhandel* ist seit 2011 kontinuierlich gestiegen.

17. Aufgabe

Durch Eröffnung einer neuen Abteilung (Golfschläger) vor 3 Jahren konnte die Bill & Eckhardt KG in den osteuropäischen Markt expandieren. Nun sollen die vorliegenden Informationen für das Jahr 20XX genutzt werden, um den Erfolg der neuen Abteilung für Osteuropa zu analysieren.

Marktpotenzial: 140,0 Mio. €
Marktvolumen: 92,0 Mio. €
Jahresumsatz der Bill & Eckhardt KG: 11,2 Mio. €

Ermitteln Sie dazu den Marktanteil der Bill & Eckhardt KG bei Golfschlägern in Prozent! (Das Ergebnis ist kaufmännisch auf zwei Nachkommastellen zu runden.)

18. Aufgabe

Prüfen Sie, in welchem Fall erst eine Auftragsbestätigung zum gültigen Kaufvertrag führt!

1. Aufgrund eines verbindlichen Angebotes bestellt Heinz Meier (Einkäufer der Bill & Eckhardt KG) Ware bei einem Hersteller, der ihm bislang nicht bekannt war.
2. Aufgrund eines verbindlichen Angebotes per Telefax bestellt Heinz Meier (Einkäufer der Bill & Eckhardt KG) sofort telefonisch.
3. Heinz Meier, Einkäufer der Bill & Eckhardt KG, bestellt rechtzeitig aufgrund einer Werbeanzeige Ware.
4. Während des Besuchs eines abschlussberechtigten Handlungsreisenden eines Herstellers bestellt Heinz Meier (Einkäufer der Bill & Eckhardt KG) Ware.
5. Heinz Meier (Einkäufer der Bill & Eckhardt KG) erhält ein schriftliches, verbindliches Angebot. Am selben Tag bestellt er telefonisch.

19. Aufgabe

Bringen Sie die folgenden sieben Phasen einer Tarifauseinandersetzung (mit Streik) in die richtige Reihenfolge, indem Sie die Ziffern 1 bis 7 neben den Phasen eintragen. Beginnen Sie mit der Phase „Kündigung des Tarifvertrages und Aufnahme neuer Verhandlungen“. Übertragen Sie Ihre senkrecht angeordneten Lösungsziffern in der entsprechenden Reihenfolge von links nach rechts in den Lösungsbogen.

- ☐ Abschluss eines neuen Tarifvertrages
- ☐ Kündigung des Tarifvertrages und Aufnahme neuer Verhandlungen
- ☐ Urabstimmung über das Ergebnis der neuen Tarifverhandlungen mit positivem Ausgang
- ☐ Scheitern des Schlichtungsverfahrens
- ☐ Aufgrund der Ergebnisse der Urabstimmung werden Streiks ausgerufen und erneut verhandelt.
- ☐ Urabstimmung der organisierten Arbeitnehmer über einen eventuellen Streik
- ☐ Die Verhandlungen werden für gescheitert erklärt und ein Schlichtungsverfahren eingeleitet.

20. Aufgabe

Die Geschäftsleitung hat in ihrer letzten Sitzung verschiedene unten genannte Maßnahmen beschlossen. Alle Maßnahmen haben Auswirkungen auf die Beschäftigten.

Prüfen Sie, in welchem Fall der Betriebsrat der Bill & Eckhardt KG *nicht* mitbestimmungsberechtigt ist!

1. Um Heizkosten zu sparen, sollen ab dem nächsten Geschäftsjahr für alle Mitarbeiter*innen gemeinsame Betriebsferien eingeführt werden. Die Bill & Eckhardt KG könnte so die Unternehmensgebäude für 4 Wochen komplett schließen.
2. Die Bill & Eckhardt KG möchte expandieren und zukünftig auch außereuropäische Märkte erschließen. Da die Geschäftsführer durch einen Studienfreund bereits Kontakte zu einer Exportfirma haben, wollen sie sich persönlich um die Sondierung einer Expansion auf den asiatischen Markt kümmern.
3. Durch die Einführung eines neuen Warenwirtschaftssystems einer großen IT-Firma sollen zukünftig Arbeitsabläufe verbessert und Kosten gespart werden. Durch die Einführung fällt jedoch zunächst ein erheblicher Mehraufwand an. Die Mitarbeiter*innen sollen aus diesem Grund zunächst wöchentlich 3 Stunden mehr arbeiten.
4. Durch die unkoordinierte Urlaubsplanung der Mitarbeiter*innen kam es im letzten Geschäftsjahr zu Engpässen in der Logistik und der Verwaltung. Nun will die Geschäftsleitung allgemeine Grundsätze für die Urlaubsplanung aufstellen.
5. Durch die Inventur Ende des letzten Geschäftsjahres wurden massive Minderbestände festgestellt. Die Geschäftsleitung vermutet, dass diese durch Diebstähle im Lager aufgetreten sind. Um diesem Verdacht nachzugehen, sollen Überwachungskameras im Lager installiert und somit die Mitarbeiter*innen kontrolliert werden.

21. Aufgabe

Die neue Auszubildende Jana Schön legt Ihnen einen Investmentfonds-Sparplan vor, auf dem sie ab August 2022 monatlich 40 € vermögenswirksam spart. Die Bill & Eckhardt KG übernimmt gemäß Betriebsvereinbarung 50 % der vermögenswirksamen Leistungen. Prüfen Sie, wie sich dies auf die Entgeltabrechnung von Frau Schön auswirkt.

1. Ihr steuerpflichtiges Entgelt steigt um 20 €.
2. Ihr Nettoeinkommen steigt um 20 €.
3. Ihr sozialversicherungspflichtiges Entgelt erhöht sich um 40 €.
4. Der auszuzahlende Betrag steigt um 20 €.
5. Der auszuzahlende Betrag verändert sich dadurch nicht.

22. Aufgabe

Die neuen Auszubildenden der Bill & Eckhardt KG werden am Ende ihrer ersten Woche im Betrieb von der Jugend- und Auszubildendenvertretung (JAV) im Rahmen einer Grillfeier für die neuen Azubis begrüßt. Dabei stellt sich die JAV der Bill & Eckhardt KG vor und erläutert dabei ihre Rechte und Pflichten.

Stellen Sie fest, welches Recht der JAV nach dem Betriebsverfassungsgesetz zusteht!

1. Bei allen Beurteilungsgesprächen sämtlicher Mitarbeiter der Bill & Eckhardt KG sind JAV-Mitglieder zu einer Teilnahme berechtigt.
2. Die Schulnoten und Beurteilungen der Auszubildenden der Bill & Eckhardt KG müssen regelmäßig der JAV vorgelegt werden.
3. Die JAV-Mitglieder dürfen beantragen, dass die Einführung eines verbesserten Beurteilungssystems für die Auszubildenden der Bill & Eckhardt KG in der nächsten Betriebsratssitzung als Tagesordnungspunkt eingebracht und anschließend erörtert wird.
4. Die Kündigung eines Auszubildenden durch die Bill & Eckhardt KG während der Probezeit kann durch die JAV verhindert werden.
5. Die JAV-Mitglieder haben das Recht, regelmäßig Einsicht in die Personalakten der Auszubildenden zu nehmen.

Situation zu den Aufgaben 23 und 24

Leonie Süß, 23 Jahre alt, ist Mitarbeiterin der Bill & Eckhardt KG in der Abteilung Verkauf. Sie hat dadurch oft Kontakt mit Spanisch sprechenden Geschäftspartnern. Um ihre Spanischkenntnisse zu erweitern, bestellte Frau Süß für sich zum privaten Gebrauch am 03.05.20XX beim ortsansässigen Buchhändler, der Buchhandlung Müller GmbH, ein spanisches Wörterbuch. Die Lieferung erfolgte am 05.05.20XX.

23. Aufgabe

Prüfen Sie, welche Schlussfolgerung zur Rechts- und Geschäftsfähigkeit von Leonie Süß und der Buchhandlung Müller GmbH zutreffend ist!

1. Da Frau Süß eine natürliche Person ist, ist sie zwar geschäfts-, aber nicht rechtsfähig.
2. Frau Süß kann uneingeschränkt Rechtsgeschäfte abschließen, da sie eine juristische Person ist.
3. Die Buchhandlung Müller GmbH ist als juristische Person beschränkt geschäftsfähig.
4. Die Buchhandlung Müller GmbH ist als solche weder rechts- noch geschäftsfähig. Sie handelt nur über den Geschäftsführer.
5. Frau Süß ist rechts- und geschäftsfähig.

24. Aufgabe

Prüfen Sie, welche Art von Rechtsgeschäft in der oben beschriebenen Situation getätigt wurde!

1. Einseitiges, empfangsbedürftiges Rechtsgeschäft
2. Zweiseitig verpflichtendes Rechtsgeschäft
3. Zweiseitig nicht empfangsbedürftiges Rechtsgeschäft
4. Einseitig verpflichtender Vertrag
5. Einseitig nicht empfangsbedürftiges Rechtsgeschäft

25. Aufgabe

Verfolgen Unternehmen ein Ziel, kann es zu Konflikten bei der Erreichung eines anderen Zieles kommen.

Stellen Sie fest, in welchem Fall bei den Unternehmenszielen der Bill & Eckhardt KG ein solcher Zielkonflikt vorliegt!

1. Der Verpackungsmüll soll durch weniger Umverpackungen reduziert werden. Dadurch kann die Bill & Eckhardt KG mit einem Öko-Label bei den Kunden werben und ihr Unternehmensimage verbessern.
2. Durch eine Verlängerung der Wartungsintervalle für die im Lager befindlichen Gabelstapler sollen Kosten reduziert werden.
3. Die Vertriebstätigkeiten im Onlinebereich sollen erweitert werden und auf dem Werksgelände soll eine Betriebskita errichtet werden.
4. Die Berufschancen von Arbeitnehmern mit Behinderung sollen verbessert werden und der Fahrstuhl aus Kostengründen stillgelegt werden.
5. Der Marktanteil soll von 17 % auf 25 % erweitert und der Umsatz langfristig maximiert werden.

26. Aufgabe

Seit September 20XX bildet die Bill & Eckhardt KG (Einschichtbetrieb) die 16 Jahre alte Pauline Zucker zur Großhandelskauffrau aus. Am Ende des Jahres soll Frau Zucker bei der Inventur helfen. Die Inventur findet freitags von 16:00 bis 22:00 Uhr und samstags von 08:00 bis 14:00 Uhr statt.

Prüfen Sie mithilfe des abgebildeten Auszugs aus dem Jugendarbeitsschutzgesetz, wie die Beteiligung von Frau Zucker geregelt werden kann, um den rechtlichen Rahmenbedingungen gerecht zu werden!

1. Frau Zucker darf insgesamt maximal 10 Stunden an der Inventur teilnehmen. Davon dürfen jeweils auf Freitag 5 Stunden und auf Samstag 5 Stunden entfallen.
2. Am Freitag darf Frau Zucker von 16:00 bis 22:00 Uhr an der Inventur teilnehmen, am Samstag nur 2 Stunden.
3. Frau Zucker darf nur am Freitag von 16:00 bis 20:00 Uhr an der Inventur teilnehmen, weil sie nur bis 20:00 Uhr beschäftigt werden darf und Samstagsarbeit für Jugendliche grundsätzlich ausgeschlossen ist.
4. Frau Zucker darf grundsätzlich an keiner Inventur teilnehmen. Ausbildungsfremde Tätigkeiten sind untersagt.
5. Frau Zucker darf die volle Zeit an der Inventur teilnehmen, da eine Inventur eine einmalige Tätigkeit ist.

Anlage zu Aufgabe 26

Jugendarbeitsschutzgesetz (Auszug)

§ 14 Nachtruhe

(1) Jugendliche dürfen nur in der Zeit von 6 bis 20 Uhr beschäftigt werden.

(2) Jugendliche über 16 Jahre dürfen

1. im Gaststätten- und Schaustellergewerbe bis 22 Uhr,
2. in mehrschichtigen Betrieben bis 23 Uhr,
3. in der Landwirtschaft ab 5 Uhr oder bis 21 Uhr,
4. in Bäckereien und Konditoreien ab 5 Uhr

beschäftigt werden.

(3) Jugendliche über 17 Jahre dürfen in Bäckereien ab 4 Uhr beschäftigt werden.

(4) An dem einem Berufsschultag unmittelbar vorangehenden Tag dürfen Jugendliche auch nach Absatz 2 Nr. 1 bis 3 nicht nach 20 Uhr beschäftigt werden, wenn der Berufsschulunterricht am Berufsschultag vor 9 Uhr beginnt.

[...]

§ 16 Samstagsruhe

(1) An Samstagen dürfen Jugendliche nicht beschäftigt werden.

(2) Zulässig ist die Beschäftigung Jugendlicher an Samstagen nur

1. in Krankenanstalten sowie in Alten-, Pflege- und Kinderheimen,
2. in offenen Verkaufsstellen, in Betrieben mit offenen Verkaufsstellen, in Bäckereien und Konditoreien, im Friseurhandwerk und im Marktverkehr,
3. im Verkehrswesen,
4. in der Landwirtschaft und Tierhaltung,
5. im Familienhaushalt,
6. im Gaststätten- und Schaustellergewerbe,
7. bei Musikaufführungen, Theatervorstellungen und anderen Aufführungen, bei Aufnahmen im Rundfunk (Hörfunk und Fernsehen), auf Ton- und Bildträger sowie bei Film- und Fotoaufnahmen,
8. bei außerbetrieblichen Ausbildungsmaßnahmen,
9. beim Sport,
10. im ärztlichen Notdienst,
11. in Reparaturwerkstätten für Kraftfahrzeuge.

Mindestens zwei Samstage im Monat sollen beschäftigungsfrei bleiben.

(3) Werden Jugendliche am Samstag beschäftigt, ist ihnen die Fünf-Tage-Woche (§ 15) durch Freistellung an einem anderen berufsschulfreien Arbeitstag derselben Woche sicherzustellen. In Betrieben mit einem Betriebsruhetag in der Woche kann die Freistellung auch an diesem Tag erfolgen, wenn die Jugendlichen an diesem Tag keinen Berufsschulunterricht haben.

[...]

27. Aufgabe

Die Bill & Eckhardt KG setzt seit einigen Monaten bestimmte Marketingmaßnahmen um. Sie waren in der letzten Woche auf einer Fortbildung zum Thema „Wettbewerbsrecht".

Prüfen Sie nun, welche der unten beschriebenen Marketingmaßnahmen gegen das Wettbewerbsrecht verstößt.

1. Auf Plakaten in der Innenstadt Gießen wirbt die Bill & Eckhardt KG mit dem Slogan „Unser neues E-Bike ist das beste, das wir je hatten".
2. Da die Bill & Eckhardt KG in diesem Jahr ihr 10-jähriges Firmenjubiläum feiert, bietet sie ihre Produkte zu Sonderkonditionen (10 % auf alles) an.
3. Sie vergleicht die Reichweite der eigenen Werbung für E-Bikes mit vergleichbarer Werbung für E-Bikes der Konkurrenz.
4. Die Bill & Eckhardt KG hat in ihrem Warenwirtschaftssystem verschiedene Kundengruppen erstellt. Diesen unterschiedlichen Kundengruppen werden nun bei gleichen Produkten unterschiedliche Preise angeboten.
5. Sie bietet einige ihrer Produkte über einen längeren Zeitraum deutlich unter Herstellkosten an, um sich gegenüber der Konkurrenz mehr Marktanteile zu verschaffen.

28. Aufgabe

Tim Müller, Mitarbeiter in der Abteilung Einkauf der Bill & Eckhardt KG, wird beauftragt, 100 Kugelschreiber bei der Office Max AG zu bestellen.
Aufgrund eines Schreibfehlers bestellt Herr Müller 1.000 Kugelschreiber. Eine Woche nach Auftragseingang werden die 1.000 Kugelschreiber an die Bill & Eckhardt KG geliefert.

Prüfen Sie, in welchem Fall die Rechtslage korrekt dargestellt ist.

1. Weil sich der Besteller verschrieben hat, ist der Kaufvertrag unwirksam.
2. Der Kaufvertrag ist wirksam. Eine Anfechtung ist aber ebenfalls möglich.
3. Da der Kaufvertrag wirksam ist, muss die Bill & Eckhardt KG die 1.000 Kugelschreiber abnehmen.
4. Der Kaufvertrag ist wegen Irrtums nichtig, also von Anfang an unwirksam.
5. Weil ein sogenannter Übertragungsfehler vorliegt, ist der Kaufvertrag unwirksam.

29. Aufgabe

Einem Börsenmakler in Stuttgart liegen folgende Kauf- und Verkaufsaufträge für Roggen vor:

Kaufaufträge (Nachfrage)

Käufer	Akzeptierte Preisobergrenze	Gesamtnachfrage
A	95,00 €/Tonne	305 Tonnen
B	100,00 €/Tonne	155 Tonnen
C	132,00 €/Tonne	115 Tonnen
D	150,00 €/Tonne	25 Tonnen

Verkaufsaufträge (Angebot)

Verkäufer	Akzeptierte Preisuntergrenze	Gesamtangebot
A	150,00 €/Tonne	335 Tonnen
B	132,00 €/Tonne	255 Tonnen
C	100,00 €/Tonne	175 Tonnen
D	95,00 €/Tonne	40 Tonnen

Stellen Sie fest, welche Marktsituation bei einem Preis von 150,00 € je Tonne Roggen vorliegt!

1. Vollkommener Markt – Angebots-/Nachfrageausgleich
2. Verkäufermarkt – Nachfragelücke
3. Käufermarkt – Angebotsüberhang
4. Käufermarkt – Nachfrageüberhang
5. Verkäufermarkt – Angebotslücke

Lösungsbogen

Aufgabe Nr.	
Seite 12	1 ☐ 2 ☐
Seite 13	3 ☐ 4 ☐
Seite 14	5 ☐–☐–☐ 6 ☐
Seite 15	7 ☐ 8 ☐–☐–☐ 9 ☐
Seite 16	10 ☐ 11 ☐ 12 ☐
Seite 17	13 ☐ 14 ☐ 15 ☐ ☐
Seite 18	16 ☐ ☐
Seite 19	17 % ☐☐,☐☐ 18 ☐ 19 ☐–☐–☐–☐–☐–☐–☐
Seite 20	20 ☐ 21 ☐
Seite 21	22 ☐ 23 ☐
Seite 22	24 ☐ 25 ☐ 26 ☐
Seite 24	27 ☐ 28 ☐ 29 ☐

100 Punkte
60 Minuten

Teil 3: Kaufmännische Steuerung von Geschäftsprozessen

Tragen Sie die Lösungen der Aufgaben in die Kästchen auf dem Lösungsbogen ein (siehe Seite 47). Die Anzahl der vorgegebenen Lösungskästchen entspricht dabei der Anzahl der richtigen Lösungsziffern. Bei Kontierungsaufgaben ist dies jedoch nicht der Fall! Hier ist die Anzahl der Kästchen auf beiden Seiten gleich. Sie müssen entscheiden, ob die Lösungsziffern auf der Soll- oder auf der Haben-Seite eingetragen werden. Die Reihenfolge der Lösungsziffern auf jeder Kontoseite ist beliebig. Bei Offen-Antwort-Aufgaben (z. B. Rechenaufgaben) tragen Sie das Ergebnis in die Kästchen auf dem Lösungsbogen ein!

1. Aufgabe

Kontieren Sie den abgebildeten Beleg.

1. Ausgangsfrachten (462)
2. Forderungen aus Lieferungen und Leistungen (101)
3. Warenbezugskosten (302)
4. Kreditinstitute (131)
5. Wareneingang (301)
6. Vorsteuer (140)
7. Umsatzsteuer (180)
8. Kasse (151)
9. Verbindlichkeiten aus Lieferungen und Leistungen (171)

Soll			Haben		
☐	☐	☐	☐	☐	☐

Anlage zu Aufgabe 1

Tennisschläger
Tennis PUR GmbH
35390 Gießen
Feldafinger Straße 4
☎ 0151 55667788

Eingegangen am
27.06.20XX
Bill & Eckhardt KG

Bill & Eckhardt KG
Sportartikel
Schlossallee 22
35390 Gießen

Rechnung

Bitte immer angeben:
Rechnungs-Nr.: **3009-5555**
Lieferschein-Nr.: **3009-3814**
Kundennummer: **BIEC900**

Ihr Zeichen	Ihr Auftrag vom	Unsere Zeichen	Datum
AG/2114	21. Juni 20XX	SP/or WASI/KA	23. Juni 20XX

Anzahl	Einheit	Artikel-Nr.	Artikelbezeichnung	Einzelpreis in €	Gesamtpreis €
35	Stück	202	Tennisschläger 0,5 kg	80,00	2.800,00
15	Stück	203	Tennisschläger 0,25 kg	123,50	1.852,50
			skontierfähiger Warenpreis netto		4.652,50
1	Anteil	100	Verpackung	7,50	7,50
1	Anteil	101	Fracht	8,30	8,30
			Lieferpreis netto		4.668,30
			Umsatzsteuer 19 %		886,98
			Rechnungsbetrag		**5.555,28**

USt.-IdNr.:
DE123456789

Zahlungsbedingung:
Zahlung innerhalb von 8 Tagen abzüglich 2 % Skonto oder innerhalb 30 Tagen ab Rechnungsdatum netto Kasse

Bankverbindung:
Stadtsparkasse Gießen
IBAN DE99 7015 0000 0000 0244 22
BIC: SAKDDEAMAAA

Geschäftsführer:
Holger Müller

2. Aufgabe

Kontieren Sie den abgebildeten Beleg.

1. Ausgangsfrachten (462)
2. Forderungen aus Lieferungen und Leistungen (101)
3. Warenverkauf (801)
4. Kreditinstitute (131)
5. Wareneingang (301)
6. Umsatzsteuer (180)
7. Verbindlichkeiten aus Lieferungen und Leistungen (171)

Soll	Haben
☐ ☐	☐ ☐

Anlage zu Aufgabe 2

Kopie

Bill & Eckhardt

Bill & Eckhardt KG • Schlossallee 22 • 35390 Gießen

GOLF GmbH
Export
An der Alp 56
83456 Marienfeld

für Sie zuständig:
Abteilung: Verkauf
Tel.: 0641 14567-0
Fax: 0641 14567-82

Bitte bei Zahlung immer angeben:
Belegnummer: 50000000
Belegdatum: 22.03.20XX
Kundennummer: 55879
Versandart: Zustellung ab Lager
Lieferdatum: 14.03.20XX
ADM: L. Freund

Rechnung

Position	Artikelnummer, -bezeichnung	Menge	Einzelpreis in EUR	Gesamtpreis in EUR
1	75765, Golfbälle	5.000	2,65	13.250,00
2	Zustellungspauschale	1	50,00	50,00
		Zwischensumme:		13.300,00
		USt 19 %		2.527,00
		Rechnungsbetrag:		**15.827,00**

Ware erhalten

Zahlungsziel: 10 Tage abzüglich 2 % Skonto/30 Tage netto

Bill & Eckhardt KG, Sitz Gießen
Handelsregister Amtsgericht Gießen HRA 20 307
Geschäftsführer: Mirko Eckhardt, Christian Bill

Bankverbindung
Stadtsparkasse Gießen
IBAN: DE99 7015 0000 0009 4126 59
BIC: BEGHMSA2NUL
USt-IdNr.: DE987654321

Es gelten unsere Allgemeinen Verkaufs-, Liefer- und Zahlungsbedingungen, die auszugsweise auf der Rückseite ausgedruckt bzw. an der Kasse ausgehängt sind.

3. Aufgabe

Sie sind in der Rechnungsabteilung eingesetzt und haben die beiden in der Anlage abgebildeten Belege (Anlage zu Aufgabe 3 und Anlage zu Aufgaben 4/5) zu bearbeiten bzw. zu buchen. Kontieren Sie zunächst die abgebildete Rechnung.

1. Kreditinstitute (131)
2. Umsatzsteuer (180)
3. Verbindlichkeiten aus Lieferungen und Leistungen (171)
4. Vorsteuer (140)
5. Wareneingang (301)
6. Warenbestände (390)
7. Warenverkauf (801)
8. Forderungen aus Lieferungen und Leistungen (101)

Soll	Haben
☐ ☐	☐ ☐

Anlage zu Aufgabe 3

Kopie

Bill & Eckhardt

Bill & Eckhardt KG • Schlossallee 22 • 35390 Gießen

Markus Wegener
Buer Straße 13
35390 Gießen

für Sie zuständig:
Abteilung: Verkauf
Tel.: 0641 14567-0
Fax: 0641 14567-82

Bitte bei Zahlung immer angeben:
Belegnummer: 50001000
Belegdatum: 21.11.20XX
Kundennummer: 56743
Versandart: ab Lager
Lieferdatum: 20.11.20XX
ADM: A. Mauer

Rechnung

Position	Artikelnummer, -bezeichnung	Menge	Einzelpreis in EUR	Gesamtpreis in EUR
1	42390934 Surfbretter „Wave 4000“	24	280,50	6.732,00
2	45490293 Luftmatratze „Sunshine“	12	15,50	186,00
		Zwischensumme:		6.918,00
		USt 19 %		1.314,42
		Rechnungsbetrag:		**8.232,42**

Zahlungsbedingung:
Zahlung innerhalb von 10 Tagen abzüglich 2 % Skonto oder innerhalb von 30 Tagen ab Rechnungsdatum, netto

Bill & Eckhardt KG, Sitz Gießen
Handelsregister Amtsgericht Gießen HRA 20 307
Geschäftsführer: Mirko Eckhardt, Christian Bill

Bankverbindung
Stadtsparkasse Gießen
IBAN: DE99 7015 0000 0009 4126 59
BIC: BEGHMSA2NUL
USt-IdNr.: DE987654321

Es gelten unsere Allgemeinen Verkaufs-, Liefer- und Zahlungsbedingungen, die auszugsweise auf der Rückseite ausgedruckt bzw. an der Kasse ausgehängt sind.

Anlage zu Aufgabe 4 und 5

Kopie

Bill & Eckhardt

Bill & Eckhardt KG • Schlossallee 22 • 35390 Gießen

Markus Wegener
Buer Straße 13
35390 Gießen

für Sie zuständig:
Abteilung: Verkauf
Tel.: 0641 14567-0
Fax: 0641 14567-82

Bitte bei Zahlung immer angeben:
Belegnummer: 50001001
Belegdatum: 22.11.20XX
Kundennummer: 56743
Versandart: ab Lager
Lieferdatum: 20.11.20XX
ADM:

Gutschrift

Zur Belegnummer 50001000

Position	Artikelnummer, -bezeichnung	Einzelpreis in EUR	Gesamtpreis in EUR
1	Ihnen wurden am 20.11.20XX versehentlich statt der bestellten Surfbretter „Wave 4000“ /Artnr. 42390934 Surfbretter „Wave 3000“ /Artnr. 42390933 geliefert. Da Sie die Surfbretter ebenfalls verwenden können, behalten Sie, wie telefonisch besprochen, die Ware und erhalten von uns eine Gutschrift über 10 % des abgerechneten Betrages.		673,20

Zwischensumme:	673,20
USt 19 %	127,91
Rechnungsbetrag:	**801,11**

Den Endbetrag schreiben wir Ihrem Konto gut.

Bill & Eckhardt KG, Sitz Gießen
Handelsregister Amtsgericht Gießen HRA 20 307
Geschäftsführer: Mirko Eckhardt, Christian Bill

Bankverbindung
Stadtsparkasse Gießen
IBAN: DE99 7015 0000 0009 4126 59
BIC: BEGHMSA2NUL
USt-IdNr.: DE987654321

Es gelten unsere Allgemeinen Verkaufs-, Liefer- und Zahlungsbedingungen, die auszugsweise auf der Rückseite ausgedruckt bzw. an der Kasse ausgehängt sind.

4. Aufgabe

Kontieren Sie die Gutschrift.

1. Kreditinstitute (131)
2. Vorsteuer (140)
3. Verbindlichkeiten aus Lieferungen und Leistungen (171)
4. Umsatzsteuer (180)
5. Nachlässe von Lieferanten (306)
6. Lieferantenboni (307)
7. Nachlässe an Kunden (806)
8. Forderungen aus Lieferungen und Leistungen (101)

Soll	Haben
☐ ☐	☐ ☐

5. Aufgabe

Ermitteln Sie den Betrag, den der Kunde Markus Wegener unter Berücksichtigung beider Belege überweisen müsste, wenn er den Skontierungsvorteil wahrnimmt.

Anlage zu Aufgaben 6, 7 und 8

Kontoauszug vom 30.10.20XX

Stadtsparkasse Gießen
BIC: BEGHMSA2NUL
Ust-IdNr.: 968574341

IBAN	Auszug	Blatt	Währung	Soll Alter Kontostand	Haben
DE99 70150000 0009 4126 59	151	16	Angaben in EUR		9.847,15

Buchungstag TT	Buchungstag MM	Wir haben für Sie gebucht	Wert TT	Wert MM	Belastung Umsätze	Gutschrift
29	10	IHK-Beitrag 20XX	29	10	600,00	
29	10	Überweisung Rudolf KG Freising, Rechnungs-Nr. 567/20XX abzügl. 3 % Skonto	29	10		23.086,00
		Neuer Kontostand				32.333,15
					Belegzustellung: ABH	

Bill & Eckhardt KG

6. Aufgabe

Ermitteln Sie den ursprünglichen Rechnungsbetrag (brutto) der Rechnung 567/20XX.

7. Aufgabe

Ermitteln Sie den Betrag der Umsatzsteuerkorrektur.

8. Aufgabe

Kontieren Sie den Zahlungseingang aus der Rechnung Nr. 567/20XX.

1. Lieferantenskonti (308)
2. Kundenskonti (808)
3. Umsatzsteuer (180)
4. Vorsteuer (140)
5. Wareneingang (301)
6. Kreditinstitute (131)
7. Verbindlichkeiten aus Lieferungen und Leistungen (171)
8. Forderungen aus Lieferungen und Leistungen (101)

Soll	Haben
☐ ☐ ☐	☐ ☐ ☐

Anlage zu Aufgabe 9, 10, 11 und 12

Lieferwagen Huber GmbH

Tel.: 06441 4646476
Fax: 06441 4646477
E-Mail: Lieferhuber@t-online.de

LW Huber GmbH • Millerstraße 19 • 35576 Wetzlar

Bill & Eckhardt KG
Schlossallee 22
35390 Gießen

Ihr Auftrag vom	Bestellnummer	Kundennummer	Datum:
06.11.2022	P 678	1234	09. November 2022

Rechnung Nr. 1333

	EUR
1 Lieferwagen	60.000,00
Überführung	2.540,00
Zulassung	260,000
Zwischensumme	62.800,00
+ 19 % Umsatzsteuer	11.932,00
Rechnungsbetrag	**74.732,00**

Das Rechnungsdatum entspricht dem Lieferdatum.
Zahlbar innerhalb von 10 Tagen nach Rechnungsdatum unter Abzug von 2 % Skonto vom Rechnungsbetrag oder innerhalb von 30 Tagen ab Rechnungsdatum netto.
Wir wünschen Ihnen eine gute Fahrt!

Hans Huber

Geschäftsräume:	Bankverbindung:	Handelsregister:	Geschäftsführer:
Millerstraße 19	Stadtsparkasse Gießen	AG Gießen	Hans Huber
35576 Wetzlar	IBAN DE99 7015 0000 0009 5623 59	HR B 67845	
Steuernummer: 2345/7658/956		USt-IdNr.: DE129075421	

9. Aufgabe

Kontieren Sie den abgebildeten Beleg nach Eingang am 10. November.

1. Umsatzsteuer (180)
2. Vorsteuer (140)
3. Warenbezugskosten (302)
4. Ausgangsfrachten (462)
5. Verbindlichkeiten aus Lieferungen und Leistungen (171)
6. Forderungen aus Lieferungen und Leistungen (101)
7. Fuhrpark (034)
8. Kreditinstitute (131)

Soll	Haben
☐ ☐	☐ ☐

10. Aufgabe

Ermitteln Sie anhand des abgebildeten Beleges die Anschaffungskosten, wenn die Zahlung am 17.11.2022 erfolgt.

11. Aufgabe

Ermitteln Sie den Abschreibungsbetrag für das Jahr 2022 (Zahlung wie in Aufgabe 10 vorgegeben) bei linearer Abschreibung und einer Nutzungsdauer von 6 Jahren.

12. Aufgabe

Kontieren Sie die Abschreibung am Jahresende 2022.

1. Technische Anlagen und Maschinen (031)
2. Sonstige Aufwendungen (206)
3. Abschreibungen auf Sachanlagen (491)
4. Vorsteuer (140)
5. Fuhrpark (034)
6. Verbindlichkeiten aus Lieferungen und Leistungen (171)

Soll	Haben
☐	☐

13. Aufgabe

Nachstehende Geschäftsfälle sind von Ihnen in der Bilanz einzuordnen. Ordnen Sie zu, indem Sie die Kennziffern von 3 der insgesamt 5 Geschäftsfälle in die Kästchen neben den Bilanzkonten eintragen.

Übertragen Sie anschließend Ihre senkrecht angeordneten Lösungsziffern in dieser Reihenfolge von links nach rechts in den Lösungsbogen.

Geschäftsfälle	Bilanzkonten
❶ Der Kostenvoranschlag unseres Rechtsanwalts für einen noch nicht abgeschlossenen Rechtsstreit liegt vor.	☐ Passive Rechnungs-abgrenzungsposten
❷ Unser Mieter überweist die Miete von 4.000 € für Dezember des alten Geschäftsjahres erst im nächsten Geschäftsjahr.	☐ Rückstellungen
❸ Die Lagerhallenmiete für Dezember in Höhe von 2.500 € zahlen wir erst im Februar des neuen Geschäftsjahres.	☐ Sonstige Forderungen
❹ Die Versicherungsprämie von 1.600 € zahlen wir am 01.10. für ein Jahr im Voraus.	
❺ Unser Darlehensschuldner überweist uns die Darlehenszinsen für 2023 bereits im Dezember 2022.	

Situation zu den Aufgaben 14 und 15

Sie haben am 22. März 2021 eine Überweisung über 1.800,00 € an die Versicherung vorgenommen, mit der Sie die Feuerversicherungsprämie für den Zeitraum 1. März 2021 bis 28. Februar 2022 bezahlt haben.

14. Aufgabe

Ermitteln Sie den Betrag, den Sie am 31.12.2021 abgrenzen müssen.

15. Aufgabe

Kontieren Sie am 31.12.2021 die entsprechende Abgrenzung.

1. Sonstige Verbindlichkeiten (190)
2. Sonstige Forderungen (113)
3. Versicherungen (426)
4. Aktive Rechnungsabgrenzung (091)
5. Passive Rechnungsabgrenzung (093)
6. Rückstellungen (072)
7. Kreditinstitute (131)

Soll	Haben
☐	☐

16. Aufgabe

Sie sollen die Kosten des Fuhrparks überprüfen. Die Gesamtkosten eines Ihrer Pkw betragen
im 1. Jahr bei einer Fahrleistung von 20.000 km: 1,35 EUR pro km,
im 2. Jahr bei einer Fahrleistung von 25.000 km: 1,30 EUR pro km.

Die anteiligen Fixkosten an den Gesamtkosten belaufen sich im 1. und 2. Jahr jeweils auf 5.000,00 EUR. Worauf ist die Kostensenkung je km im 2. Jahr zurückzuführen?

1. Auf gleichbleibenden Fixkostenanteil je km
2. Auf fallenden Fixkostenanteil je km
3. Auf konstante variable Kosten je km
4. Auf konstante variable Gesamtkosten
5. Auf steigende variable Gesamtkosten

Situation zu den Aufgaben 17 bis 19

Die Firma Bill & Eckhardt KG legt zum Jahresende folgende Bilanz zum abgelaufenen Geschäftsjahr vor:

Aktiva	TEUR	Passiva	TEUR
Gebäude	690	Eigenkapital	788
Betriebs- und Geschäftsausstattung	250	Rückstellungen	45
Fuhrpark	140	Hypotheken	350
Waren	1.350	Darlehen	570
Forderungen aus Lieferungen und Leistungen	300	Verbindlichkeiten aus Lieferungen und Leistungen	1.120
Kasse	18		
Bank	125		
	2.873		**2.873**

17. Aufgabe

Ermitteln Sie die Intensität (Anteil) des Anlagevermögens für das abgelaufene Geschäftsjahr (bitte auf 2 Nachkommastellen kaufmännisch runden)!

18. Aufgabe

Ermitteln Sie die Anlagendeckung I für das abgelaufene Geschäftsjahr (bitte auf 2 Nachkommastellen kaufmännisch runden)!

19. Aufgabe

Ermitteln Sie die Liquidität II für das abgelaufene Geschäftsjahr (2 Nachkommastellen)!

20. Aufgabe

Ihnen liegt der abgebildete Auszug aus der Kosten- und Leistungsrechnung vor.

Aufwendungen gesamt	Erträge gesamt	Kosten	Leistungen
389.000 €	477.000 €	205.000 €	177.000 €

Ermitteln Sie zunächst das Betriebsergebnis, neutrale Ergebnis und Gesamtergebnis. Ordnen Sie danach die Kennziffern von 3 der insgesamt 6 Beträge den nebenstehenden Ergebnissen zu.

Übertragen Sie anschließend Ihre senkrecht angeordneten Lösungsziffern in dieser Reihenfolge von links nach rechts in den Lösungsbogen.

Beträge	Ergebnisse
❶ 300.000 €	☐ Betriebsergebnis
❷ –28.000 €	☐ Gesamtergebnis
❸ 212.000 €	☐ Neutrales Ergebnis
❹ 116.000 €	
❺ 88.000 €	
❻ 28.000 €	

21. Aufgabe

Die Bill & Eckhardt KG benötigt für die Ausweitung des Kundendienstes einen neuen Lieferwagen. Die Anschaffungskosten betragen 57.000 €, diese werden vollständig durch einen Bankkredit finanziert.

Stellen Sie fest, welche **zwei Bedeutungen** der Zusatz der Sparkasse hat: „Der Darlehensbetrag muss durch einen Sicherungsübereignungsvertrag über das Fahrzeug abgesichert sein."

1. Die Sparkasse erhält das Fahrzeug der Bill & Eckhardt KG als Pfand.
2. Bei der Absicherung eines Darlehensbetrages durch einen Sicherungsübereignungsvertrag handelt es sich um einen verstärkten Personalkredit.
3. Die Bill & Eckhardt KG darf den Lieferwagen nur während der Darlehenslaufzeit nutzen.
4. Die Sparkasse bleibt nur so lange Eigentümer des Lieferwagens, bis das Darlehen vollständig zurückgezahlt ist.
5. Die Sparkasse hat im Falle einer Insolvenz der Bill & Eckhardt KG das Recht, den Lieferwagen aus der Insolvenzmasse auszusondern.
6. Die Sparkasse bleibt so lange Besitzer und Eigentümer, bis das Darlehen vollständig zurückgezahlt ist.

Situation zu den Aufgaben 22 und 23

Am Jahresende weisen die Konten Umsatzsteuer (180) und Vorsteuer (140) folgende Stände auf.

Vorsteuer (140)

Soll		Haben	
(171)	12.214,25	(171)	55.203,13
(171)	133.420,36		
(151)	5.226,99		

Umsatzsteuer (180)

Soll		Haben	
		(101)	72.130,57
		(101)	139.820,17

22. Aufgabe

Ermitteln Sie den Vorsteuerüberhang bzw. die Zahllast.

23. Aufgabe

Bilden Sie den Buchungssatz für die Aktivierung bzw. Passivierung des von Ihnen in der 22. Aufgabe ermittelten Saldos im Jahresabschluss!

1. Umsatzsteuer (180)
2. Kreditinstitute (131)
3. Vorsteuer (140)
4. Eigenkapital (060)
5. Schlussbilanzkonto (940)
6. G+V-Konto (930)

Soll	Haben
☐	☐

24. Aufgabe

Die Bill & Eckhardt KG möchte ein neues Bürogebäude bauen. Das dafür benötigte Kapital in Höhe von 360.000 € soll zu 2/3 über fremde Geldmittel finanziert werden. Der vorliegende Kontoauszug zeigt die Auszahlung des Darlehens (Kontoauszug 217) und die Zins- und Tilgungsbelastung für den Monat November (Kontoauszug 387).

Kontieren Sie die Zins- und Tilgungsbelastung für den Monat November.

1. Verbindlichkeiten gegenüber Kreditinstituten (082)
2. Verbindlichkeiten aus Lieferungen und Leistungen (171)
3. Vorsteuer (140)
4. Kreditinstitute (131)
5. Zinsen und ähnliche Erträge (260)
6. Kasse (151)
7. Zinsen und ähnliche Aufwendungen (210)

Soll		Haben	
☐	☐	☐	☐

Kontoauszug vom 02.07.2022

Stadtsparkasse Gießen
BIC: BEGHMSA2NUL
Ust-IdNr.: 968574341

IBAN	Auszug	Blatt	Währung	Soll	Alter Kontostand	Haben
DE99 7015 0000 0009 4126 59	217	1	Angaben in EUR			9.849,24

Buchungstag TT	MM		Wert TT	MM	Belastung Umsätze	Gutschrift
02	07	Darlehen 456789 Darlehensbetrag	02	07		240.000,00
		Neuer Kontostand				249.849,24
					Belegzustellung: ABH	

Ihr Limit für einen Dispokredit beträgt 25.000,00 €

Bill & Eckhardt KG

Kontoauszug vom 10.11.2022

Stadtsparkasse Gießen
BIC: BEGHMSA2NUL
Ust-IdNr.: 968574341

IBAN	Auszug	Blatt	Währung	Soll	Alter Kontostand	Haben
DE99 7015 0000 0009 4126 59	387	1	Angaben in EUR			63.835,14

Buchungstag			Wert		Belastung Umsätze	Gutschrift
TT	MM		TT	MM		
10	11	Darlehen 456789 – Tilgung November 2022 – Zinsen November 2022	10	11	2.500,00 800,00	
		Neuer Kontostand				60.535,14
					Belegzustellung: ABH	

Ihr Limit für einen Dispokredit beträgt 25.000,00

Bill & Eckhardt KG

Situation zu den Aufgaben 25 bis 26

In der Bill & Eckhardt KG liegen zum Geschäftsjahresende folgende Daten vor (in Tsd. Euro).

1. Abschreibungen 1.900
2. Bankguthaben 260
3. Betriebs- und Geschäftsausstattung 220
4. Forderungen 560
5. Fuhrpark 720
6. Gebäude 2.500
7. Langfristige Darlehensschulden 1.050
8. Personalaufwand 13.000
9. Umsatzsteuer 70
10. Sonstige Aufwendungen 4.800
11. Sonstige Erträge 2.500
12. Verbindlichkeiten 600
13. Warenbestand 680
14. Wareneinsatz 29.800
15. Warenverkaufserlöse 53.000

25. Aufgabe

Ermitteln Sie das Fremdkapital in Tausend Euro.

26. Aufgabe

Ermitteln Sie den Warenrohgewinn in Tausend Euro.

27. Aufgabe

Ermitteln Sie den Jahresüberschuss/Reingewinn in Tausend Euro.

28. Aufgabe

Ihnen liegt eine Eingangsrechnung der Meier KG über 12.750 € brutto vor.

Auszug aus den AGB der Meier KG

Lieferungen erfolgen grundsätzlich gegen bar, Nachnahme oder Vorkasse. Gewerblichen Kunden gewähren wir im Rahmen unserer Kreditlinien auf Warenlieferungen ein Ziel von 30 Tagen oder bei Zahlung innerhalb von 10 Tagen ab Rechnungsdatum 3 % Skonto.

Die Bill & Eckhardt KG will die o. g. Rechnung unter Abzug von Skonto am kostengünstigsten Zahlungstermin bezahlen. Dafür muss das Konto aber um den zu bezahlenden Betrag überzogen und für den in Anspruch genommenen Kontokorrentkredit 12 % Zinsen p. a. gezahlt werden.

Berechnen Sie den Zinsgewinn durch die Inanspruchnahme von Skonto.

29. Aufgabe

Die Forderungen der Bill & Eckhardt KG gegenüber dem insolventen Kunden H. Schweiger e. K. sind inzwischen auf 6000 Euro (netto) angewachsen. Das Insolvenzverfahren wird mit einer Insolvenzquote von 31 % abgeschlossen.
Ermitteln Sie, wie viel Euro der Bill & Eckhardt KG aus der Insolvenzmasse zustehen, wenn Sie davon ausgehen, dass es sich um ungesicherte Forderungen handelt.

Lösungsbogen

Aufgabe Nr.		
Seite 29	1 Soll / Haben	
Seite 31	2 Soll / Haben	
Seite 32	3 Soll / Haben	
Seite 34	4 Soll / Haben	5 € , ct
Seite 35	6 € , ct	7 € , ct
	8 Soll / Haben	
Seite 37	9 Soll / Haben	10 € , ct
	11 € , ct	12 Soll / Haben
Seite 38	13	14 € , ct; 15 Soll / Haben
Seite 39	16	17 % ,
Seite 40	18 % ,	19 % ,; 20
Seite 41	21	22 € , ct
Seite 42	23 Soll / Haben	24 Soll / Haben
Seite 43	25 T€ , ct	
Seite 44	26 T€ , ct	27 T€ , ct; 28 T€ , ct
Seite 45	29 € , ct	

Lösungen

Teil 1: Prozessorientierte Organisation von Großhandelsgeschäften

____ von 6

1.1 *Hinweis:*
Deckungsbeitrag (DB) = Umsatz – variable Kosten
Beispiel E-Bikes: DB = 186.000 – 99.000 – 22.375 = 64.625

Warengruppen	E-Bikes	Trekkingbikes	Mountainbikes
Umsatz 2023	186.000	147.000	62.000
Wareneinsatz	99.000	88.000	52.000
Handlungskosten	89.500	78.500	50.000
Davon variabel	25 %	20 %	30 %
Variable Handlungskosten	**22.375**	**15.700**	**15.000**
Deckungsbeitrag	**64.625**	**43.300**	**– 5.000**

____ von 3

1.2 Sowohl basierend auf der Umsatzentwicklung als auch aufgrund seines Deckungsbeitrags sollte der Bereich „E-Bikes" stärker ausgebaut werden. Mountainbikes sollten dagegen aus dem Sortiment genommen werden, da sich der Umsatz negativ entwickelte und sich zuletzt sogar ein negativer Deckungsbeitrag ergab.

____ von 7

1.3.1

Bezugspreis	1.622,18
+ Handlungskostenzuschlagsatz 40 %	648,87
Selbstkostenpreis	2.271,05
+ Gewinnzuschlag 10 %	227,11
Barverkaufspreis (98 %)	2.498,16
+ Kundenskonto 2 %	50,98
Zielverkaufspreis (85 %)	2.549,14
+ Kundenrabatt 15 %	449,85
Listenverkaufspreis (100 %)	2.998,99

Achtung! Der **Barverkaufspreis** ist ein verminderter Grundwert, d. h., er entspricht nur 98 % (100 % – 2 %) des Zielverkaufspreises.

Achtung! Der **Zielverkaufspreis** ist ein verminderter Grundwert, d. h., er entspricht nur 85 % (100 % – 15 %) des Listenverkaufspreises.

___ von 6 **1.3.2** *Hinweis: Die Handlungskosten (HK) pro Stück beinhalten variable und fixe Anteile. In einem zweiten Schritt müssen die variablen HK pro Stück abgezogen werden, um die fixen HK pro Stück zu berechnen.*

Deckungsbeitrag = Verkaufspreis – variable Kosten pro Stück

variable Kosten pro Stück = Bezugspreis + variable HK pro Stück

$$BEP = \frac{Fixkosten}{Deckungsbeitrag}$$

Handlungskosten pro Stück $= 43.669{,}20\ € : 60\ \text{Stück} = 727{,}82\ €$

fixe HK pro Stück $= 727{,}82\ € - 277{,}82\ € = 450{,}00\ €$

Fixkosten gesamt $= 450{,}00\ € \cdot 60\ \text{Stück} = 27.000{,}00\ €$

BEP $= \dfrac{27.000}{2.500 - (1.622{,}18 + 277{,}82)} = 45\ \text{Stück}$

___ von 2 **1.3.3** Da der Break Even Point unterhalb der kalkulierten Absatzmenge liegt, lohnt sich die Aufnahme des E-Bikes in das Sortiment. Bei mehr als 45 verkauften E-Bikes erwirtschaftet die Bill & Eckhardt KG einen zusätzlichen Gewinn.

___ von 5 **2.1.1** *Hinweis:* $Umschlagshäufigkeit = \dfrac{Wareneinsatz}{Durchschnittlicher\ Lagerbestand}$

$Wareneinsatz = Warenanfangsbestand + Zugänge - Endbestand$

$Durchschnittlicher\ Lagerbestand = \dfrac{Jahresanfangsbestand + 12\ Monatsendbestände}{13}$

Die Berechnung wird umso genauer, je mehr Endbestände vorliegen.

Wareneinsatz $= 1.400.000\ € + 4.200.000\ € - 1.000.000\ € = 4.600.000\ €$

Durchschnittlicher Lagerbestand $= \dfrac{1.400.000\ € + 5.100.000\ €}{13} = 500.000\ €$

Umschlagshäufigkeit $= \dfrac{4.600.000\ €}{500.000\ €} = \mathbf{9{,}2}$

___ von 2 **2.1.2** *Hinweis:* $Durchschnittliche\ Lagerdauer = \dfrac{360}{Umschlagshäufigkeit}$

Durchschnittliche Lagerdauer $= \dfrac{360}{9{,}2} =$ **39 Tage**

Die durchschnittliche Lagerdauer bei der Bill & Eckhardt KG ist im Vergleich zum Branchendurchschnitt zu hoch.

___ von 4 **2.1.3** *Hinweis: Zum Erreichen der vollen Punktzahl sind zwei Möglichkeiten ausreichend.*

- Bessere Lagerbestandsüberwachung
- Sortimentsoptimierung
- Kauf auf Abruf
- Streckengeschäft
- Preispolitik

___ von 4 **2.1.4** Mindestbestand, auch eiserner Bestand genannt, ist der Bestand, der normalerweise nicht unterschritten werden darf. Nur bei Gefährdung der Verkaufsbereitschaft (z. B. wegen überraschend hoher Nachfrage oder Lieferstörungen aufgrund von Streiks) darf diese Reserve angetastet werden.

Meldebestand ist der Bestand, bei dem wieder nachbestellt werden muss, damit die neue Ware spätestens beim Erreichen des Mindestbestands wieder vorrätig ist.

___ von 2 **3.1** Aufgrund des Incoterms „FOB" trägt die Bill & Eckhardt KG die Versandkosten bis zu dem Zeitpunkt, an dem die Ware die Reling des Schiffes in Hamburg überschritten hat. Ab diesem Punkt trägt der Käufer, also die Björnsen & Tönnesen Bikes AS, die Kosten und auch das Risiko.

___ von 4 **3.2** Für die Bill & Eckhardt KG wäre FCA besser, da sie als Exporteur dabei die Kosten und das Risiko nur bis zum ersten Frachtführer trägt. Dort ist dann der Kosten- und Gefahrenübergang auf den Frachtführer. Bei CIF hingegen müsste die Bill & Eckhardt KG die Kosten tragen bis zum Bestimmungshafen. Die Gefahr ginge erst im Bestimmungshafen auf den Käufer (Importeur) über. Weiterhin müsste die Bill & Eckhardt KG als Verkäufer noch die Seefrachtversicherung übernehmen

___ von 4 **3.3** *Hinweis:*
Dokumenteninkasso (= documents against payment = D/P): Dem Käufer werden die Dokumente, mit denen über die Ware verfügt werden kann, nur gegen sofortige Zahlung ausgehändigt.
Dokumentenakkreditiv (= letter of credit = L/C): Beim unbestätigten Dokumentenakkreditiv verpflichtet sich die Bank des Importeurs, dem Verkäufer, sofern er die Bedingungen des Akkreditivs erfüllt, den Kaufpreis zu zahlen, falls der Käufer nicht zahlt. Bei bestätigtem Dokumentenakkreditiv hingegen würde zusätzlich eine inländische Bank haften.

Vorteil: Das Akkreditiv ist sicherer, da mindestens die Bank des Käufers (bei einem bestätigten Akkreditiv auch eine inländische Bank) zur Zahlung verpflichtet ist, sofern die Akkreditiv-Dokumente korrekt sind.

Nachteil: Im Vergleich zum Dokumenteninkasso ist es teurer, da die Bankgebühren höher sind.

___ von 3 **3.4**

	Flugzeug	**Schiff**	**LKW**
Air Waybill	x		
CMR Frachtbrief			x
Bill of Lading		x	

___ von 2 **3.5** 1 € = 9,266 NOK: 62.989,80 € · 9,266 = **583.663,49 NOK**

___ von 3 **4.1**
- Überprüfung der vorgelegten Papiere; dabei z. B. die auf dem Lieferschein oder Frachtbrief angegebenen Absender- und Empfängeranschriften kontrollieren
- Überprüfung der Packstücke und Verpackungen auf Beschädigungen
- Kontrolle der Packstücke nach Art und Anzahl (ggf. nach Gewicht)

___ von 2 **4.2** Auffällige Schäden müssen auf dem Frachtbrief vermerkt werden und vom Fahrer gegengezeichnet werden. Bei sehr starken Beschädigungen kann die Annahme auch verweigert werden.

___ von 3 **4.3**
- Bei den Trekkingrädern wurden statt 40 Stück nur 30 Stück geliefert.
- Bei den E-Bikes liegt eine Falschlieferung vor (Slow Motion statt Super Speed).

___ von 10 **4.4** *Hinweis: Folgefehler aus Aufgabe 4.3 führen nicht zum Punktabzug in Aufgabe 4.4. Wenn ein Ansprechpartner genannt ist, muss dieser im Schreiben direkt angesprochen werden. Ansonsten reicht „Sehr geehrte Damen und Herren".*
Zu bewertende Inhalte:
- *Adressatenfeld*
- *Datum*
- *Betreff*
- *Anrede*
- *Schlüssige Formulierung der relevanten Inhalte*
- *Grußformel und Unterschrift*
- *Formale Richtigkeit*

Bill & Eckhardt

Bill & Eckhardt KG · Schlossallee 22 · 35390 Gießen

Fröhlich Bikes GmbH
Schwarzwaldstraße 76
79089 Freiburg

Tel.: 0641 14567-0
Fax: 0641 14567-82

Ihr Zeichen, Ihre Nachricht	Unser Zeichen, unsere Nachricht	Telefon-Durchwahl	Datum
AH	XX	23	04.11.20XX

Bestellung 101-557767-09 vom 02.11.20XX

Sehr geehrte Frau Moser,

vielen Dank für die Lieferung vom 03.11.20XX. Leider haben wir festgestellt, dass statt der 40 bestellten Trekkingräder Fast Lane nur 30 Stück geliefert wurden. Außerdem wurden uns anstelle der E-Bikes „Super Speed" die E-Bikes der Marke „Slow Motion" geliefert.
Wir bitten Sie daher, die fehlenden Trekkingräder nachzuliefern und einen Austausch der E-Bikes vorzunehmen. Die falsch gelieferten E-Bikes stehen zur Abholung in unserem Lager bereit. Sollten die E-Bikes nicht bis zum 10.11.20XX ausgetauscht werden, behalten wir uns vor, vom Vertrag zurückzutreten und gegebenenfalls Schadenersatz zu fordern.
Sollte die Nachlieferung nicht bis zum 10.11.20XX erfolgt sein, behalten wir uns vor, die Trekkingräder anderweitig zu beziehen und Ihnen eventuell entstandene Mehrkosten in Rechnung zu stellen.

Mit freundlichen Grüßen

[*Ihr Vorname, Ihr Nachname*]

Bill & Eckhardt KG, Sitz Gießen Handelsregister Amtsgericht Gießen HRA 20 307 Geschäftsführer: Mirko Eckhardt, Christian Bill	Bankverbindung Stadtsparkasse Gießen IBAN: DE99 7015 0000 0009 4126 59 BIC: BEGHMSA2NUL USt-IdNr.: DE987654321

____ von 2 **5.1** *Hinweis: Zum Erreichen der vollen Punktzahl ist je eine Nennung ausreichend.*

Vorteile Handelsvertreter

- Der HV kennt sein Absatzgebiet und hat bereits Kontakt zu den potenziellen Kunden vor Ort.
- Der HV hat in der Regel kein Fixum und arbeitet ausschließlich auf Provisionsbasis, daher ist er stärker motiviert als ein Reisender.

Nachteile Handelsvertreter

- Der HV hat auch andere Produkte im Angebot und entscheidet sich beim Verkauf evtl. für das Produkt, bei welchem er die höchste Provision erhält. Andere Firmen stehen also in Konkurrenz zur Bill & Eckhardt KG.
- Die Unternehmensidentifikation ist nicht so stark ausgeprägt wie bei einem Reisenden.

____ von 6 **5.2** Ermittlung des kritischen Umsatzes (U):

Kosten Reisender			= Kosten Handelsvertreter
$2.000\,€ \cdot 12$	$+\ 500\,€ \cdot 12$	$+\ 0{,}03 \cdot U$	$= 0{,}07 \cdot U$
Jahresgehalt fix	Sonst. Kosten pro Jahr	3 % vom Umsatz	7 % vom Umsatz

$$\begin{aligned} 24.000\,€ + 6.000\,€ + 0{,}03 \cdot U &= 0{,}07 \cdot U \\ 30.000\,€ + 0{,}03 \cdot U &= 0{,}07 \cdot U \quad | -0{,}03 \cdot U \\ 30.000\,€ &= 0{,}04 \cdot U \quad | : 0{,}04 \\ \mathbf{750.000\,€} &= U \end{aligned}$$

Ab einem Jahresumsatz von 750.000 € (Monatsumsatz 62.500 €) lohnt es sich für die Bill & Eckhardt KG, einen Reisenden einzusetzen. Ist der Umsatz geringer, ist ein Handelsvertreter zu bevorzugen.

____ von 4 **5.3** *Hinweis: Zum Erreichen der vollen Punktzahl genügen zwei Erläuterungen.*

- Verkauf über die Website der Bill & Eckhardt KG, wodurch man auch überregionale Kunden erreichen kann.
- Onlineverkauf über ein eigens für die Bill & Eckhardt KG eingerichtetes Portal: Auch hierdurch kann man überregionale Kunden erreichen.
- Onlineverkauf über Marktplatz-Plattformen (Amazon, Ebay etc.), wodurch man auch Kunden gewinnen kann, die die Firma nicht kennen bzw. überregional suchen. Eventuell werden z. B. beim Kauf von Tennisschlägern auch Bälle von der Bill & Eckhardt KG angezeigt.
- Verkauf über eine eigens für die Bill & Eckhardt KG programmierte App: Neue Produkte können z. B. als Info auf dem Display aller Nutzer angezeigt werden.

___ von 7

6.1 Vorwärtskalkulation

	Angebot A (pro Stück)	**Angebot B** (pro Stück)
Listeneinkaufspreis	990 €	970 € (87.300 € : 90 Stück)
– Liefererrabatt	99 € (10 %)	48,50 € (5 %)
= Zieleinkaufspreis	891 €	921,50 €
– Liefererskonto	17,82 € (2 %)	27,65 € (3 %)
= Bareinkaufspreis	873,18 €	893,85 €
+ Bezugskosten	2 € (180 € für 90 Stück, d. h. 180 € : 90 Stück)	–
Bezugspreis	**875,18 €**	**893,85 €**

Aus Kostensicht entscheidet man sich für Angebot A (günstigerer Bezugspreis).

___ von 5

6.2 *Hinweis: Bei einer Bestellung von 100 Stück kann ein Mengenrabatt von 20 % abgezogen werden, daher verringert sich der Bezugspreis erheblich. Ebenso verteilen sich die Bezugskosten auf mehr bestellte Räder.*

	Angebot A (pro Stück)
Listeneinkaufspreis	990 €
– Liefererrabatt	198 € (20 %)
= Zieleinkaufspreis	792 €
– Liefererskonto	15,84 € (2 %)
= Bareinkaufspreis	776,16 €
+ Bezugskosten	1,80 € (180 € für 100 Stück, d. h. 180 € : 100 Stück)
Bezugspreis	**777,96 €**

Der Kostenvorteil pro E-Bike beträgt für die Bill & Eckhardt KG bei einer Bestellung von 100 Stück 97,22 € (875,18 € – 777,96 €). Insgesamt ergibt sich ein Kostenvorteil von 9.722 € (97,22 € · 100 Stück).

___ von 4

6.3 *Die Nennung von je zwei Aspekten reicht.*

Vorteile
- die Möglichkeit, ein Speziallager zu nutzen (bspw. Gefahrgut oder Kühllager)
- kein Investitionsrisiko
- weniger Kapitalbindung
- nur variable Kosten
- evtl. ist Ware näher am Kunden (kürzere Lieferwege)

Nachteile
- kein direkter Zugriff auf die Ware/Abhängigkeit vom Anbieter
- in der Regel höheres Verantwortungsgefühl durch eigene Mitarbeiter*innen
- evtl. Abstimmungsprobleme/Kommunikationsprobleme
- bei großen Lagerkapazitäten in der Regel teurer (da keine Fixkostendegression)

So viele Punkte habe ich erreicht: ________

So lange habe ich gebraucht: ________

Teil 2: Wirtschafts- und Sozialkunde

Details zu den Lösungen finden Sie auf den folgenden Seiten.
Bei jeder Aufgabe können 3,44828 Punkte (Gesamtpunktzahl: 100) erreicht werden.

Aufgabe Nr.	Lösungen
Seite 12	**1** 1 **2** 3
Seite 13	**3** 3 **4** 2
Seite 14	**5** 5 – 6 – 2 **6** 3
Seite 15	**7** 4 **8** 1 – 4 – 3 **9** 2
Seite 16	**10** 2 **11** 3 **12** 4
Seite 17	**13** 4 **14** 2 **15** 1 6
Seite 18	**16** 1 4
Seite 19	**17** % 12,17 **18** 3 **19** 7 – 1 – 6 – 3 – 5 – 4 – 2
Seite 20	**20** 2 **21** 1
Seite 21	**22** 3 **23** 5
Seite 22	**24** 2 **25** 4 **26** 3
Seite 24	**27** 5 **28** 2 **29** 3

So viele Punkte habe ich erreicht: ________

So lange habe ich gebraucht: ________

Ausführliche Lösungen

___ P. **1. Aufgabe**

Hinweis: Man unterscheidet Existenz-, Luxus- und Kulturbedürfnisse. Nur Existenzbedürfnisse, die mit Kaufkraft ausgestattet sind, werden als Bedarf bezeichnet. Daher ist auch die Aussage 4 falsch. Die Nachfrage ist der Teil des Bedarfs, der mit Kaufkraft ausgestattet ist und am Markt wirksam wird.
Bedarf = Bedürfnis mit Kaufkraft
Nachfrage = Bedarf, der am Markt wirksam wird

1 Der Bedarf ist die Summe der Bedürfnisse, für die Kaufkraft vorhanden ist.

___ P. **2. Aufgabe**

Hinweis: Eine Handlungsvollmacht muss nicht schriftlich erteilt werden und wird im Gegensatz zur Prokura auch nicht ins Handelsregister eingetragen.

3 Die Erteilung der allgemeinen Handlungsvollmacht ist ordnungsgemäß erfolgt und somit gültig.

___ P. **3. Aufgabe**

Hinweis: Die gesetzlichen Regelungen des HGB und BGB gelten nur, falls die AGB nicht Vertragsbestandteil sind. Der Grundsatz der Vertragsfreiheit ist bei den AGB insofern eingeschränkt, als dass sie den privaten Verbraucher nicht unangemessen benachteiligen dürfen. Individuelle Abreden haben Vorrang (vgl. §§ 305 ff. BGB).

3 Es sind vorformulierte Vertragsbedingungen der Bill & Eckhardt KG, die Vertragsbestandteil werden, wenn keine zwingenden gesetzlichen Regelungen entgegenstehen.

___ P. **4. Aufgabe**

Hinweis: Die Beiträge zu Haftpflichtversicherungen gehören wie auch die Beiträge zur Sozial-, Unfall- und Lebensversicherung zu den Sonderausgaben.

2 Beiträge zu Haftpflichtversicherungen

___ P. **5. Aufgabe**

Hinweis: Bestandteil 1 bezeichnet die Angebotskurve, Bestandteil 3 den Gleichgewichtspreis und Bestandteil 4 den Nachfrageüberhang.

5 Nachfragekurve
6 Gleichgewichtsmenge
2 Angebotsüberhang

___ P. **6. Aufgabe**

Hinweis: Lösung 3 ist korrekt, da der Schnittpunkt der beiden Kurven nun weiter links und weiter unten ist.

3 Die Gleichgewichtsmenge sinkt, der Gleichgewichtspreis sinkt.

____ P. **7. Aufgabe**

Hinweis: Wenn die Nachfrage das Angebot übersteigt (=Nachfrageüberhang), steigt der Preis.

4 Die Nachfrage steigt stärker als das Angebot.

____ P. **8. Aufgabe**

Hinweis: Polypol (= viele Anbieter und Nachfrager); Angebotsoligopol (= wenige Anbieter und viele Nachfrager); Angebotsmonopol (= ein Anbieter und viele Nachfrager)

1 Produkt A
4 Produkt B
3 Produkt C

____ P. **9. Aufgabe**

Hinweis: Das nominale BIP wächst in einer Periode um die jeweiligen Preisniveauerhöhungen UND um die Zunahme an erzeugten Gütern und Dienstleistungen.
Das Bruttonationaleinkommen (früher Bruttosozialprodukt) bezieht nach dem „Inländerkonzept" die Leistungen aller Deutschen mit ein, unabhängig davon, ob die Leistungen innerhalb der deutschen Grenzen erbracht werden.
Das Bruttoinlandsprodukt bezieht nach dem „Inlandskonzept" alle Leistungen mit ein, die innerhalb der deutschen Grenzen erbracht werden, unabhängig davon, ob sie von Deutschen erbracht werden.

2 Es wächst in einer Periode nur um die Zunahme an erzeugten Gütern und Dienstleistungen, da Preisniveauveränderungen rausgerechnet werden.

____ P. **10. Aufgabe**

Hinweis: Das Wirtschaftswachstum nimmt langsam zu, die Preissteigerungen sind gering und die Beschäftigungssituation verbessert sich.

2 Expansion

____ P. **11. Aufgabe**

3 Er hat einen Anspruch auf Arbeitslosengeld I, weil während der Ausbildungszeit mehr als 12 Monate Beiträge zur Arbeitslosenversicherung geleistet wurden.

____ P. **12. Aufgabe**

Hinweis: Eigentumsübertragung findet grundsätzlich durch Einigung und Übergabe statt und ist – abgesehen vom Eigentumsvorbehalt – unabhängig von der Kaufpreiszahlung.

4 Mit der Annahme der Stühle im Wareneingang der Bill & Eckhardt KG.

____ P.

13. Aufgabe

Hinweis: Der Transport aus Asien trägt nicht zum Umweltschutz bei.

4 Die Bill & Eckhardt KG verkauft noch Produkte aus Asien, um ihren Gewinn zu maximieren.

____ P.

14. Aufgabe

Hinweis: Ein Aufhebungsvertrag ersetzt die Kündigung und findet in beiderseitigem Einvernehmen zwischen Arbeitgeber und Arbeitnehmer statt.
Würde der Azubi ordentlich kündigen, weil er den Ausbildungsberuf wechselt, müsste er eine Kündigungsfrist von vier Wochen einhalten.

2 Sofortige Vertragsauflösung ist möglich, wenn die Bill & Eckhardt KG mit dem Auszubildenden einen Aufhebungsvertrag abschließt.

____ P.

15. Aufgabe

1 Erhöhung von Subventionen für Unternehmen im Umweltschutzsektor

6 Zusätzliche Kreditaufnahme des Staates bei der Bundesbank zur Finanzierung staatlicher Aufträge

____ P.

16. Aufgabe

Hinweis:
Zu 2: Diese Aussage ist falsch, da der Vertriebsweg Internetversender bereits seit 2017 der Zweitplatzierte ist.
Zu 3: Diese Aussage ist falsch (siehe Antwort 4, Konkurrenz durch Internetversender/ Fachhandel online).
Zu 5: Diese Aussage ist falsch, da der Umsatzanteil des Vertriebsweges Fachhandel leicht schwankt.

1 Der Umsatzanteil über den Vertriebsweg *SB-Warenhaus, Baumarkt, LEH* ist seit 2011 kontinuierlich gefallen.

4 Der Vertriebsweg *Fachhandel* hat trotz steigender Konkurrenz durch die Vertriebswege *Internetversender/Fachhandel online* seine Spitzenposition beim Umsatzanteil gehalten.

____ P.

17. Aufgabe

Hinweis: Der Marktanteil ist der Quotient des eigenen Umsatzes bezogen auf den Umsatz des Gesamtmarktes.

$$\textit{Marktanteil in \%} = \frac{\textit{Jahresumsatz}}{\textit{Marktvolumen}} \cdot 100$$

$$\text{Marktanteil in \%} = \frac{11{,}2\ \text{Mio. €}}{92\ \text{Mio. €}} \cdot 100 = \mathbf{12{,}17\ \%}$$

_____ P.

18. Aufgabe

Hinweis: Bei Antwort 3 handelt sich lediglich um eine Anpreisung, da das „Angebot“ an die Allgemeinheit und nicht an einen konkreten Vertragspartner gerichtet ist. Erst durch die Auftragsbestätigung kommt ein Kaufvertrag zustande. Die Bestellung von Heinz Meier auf Grundlage der Werbeanzeige stellt somit nur eine Anfrage an den Hersteller dar.

3 Heinz Meier, Einkäufer der Bill & Eckhardt KG, bestellt rechtzeitig aufgrund einer Werbeanzeige Ware.

_____ P.

19. Aufgabe

[7] Abschluss eines neuen Tarifvertrages

[1] Kündigung des Tarifvertrages und Aufnahme neuer Verhandlungen

[6] Urabstimmung über das Ergebnis der neuen Tarifverhandlungen mit positivem Ausgang

[3] Scheitern des Schlichtungsverfahrens

[5] Aufgrund der Ergebnisse der Urabstimmung werden Streiks ausgerufen und erneut verhandelt.

[4] Urabstimmung der organisierten Arbeitnehmer über einen eventuellen Streik

[2] Die Verhandlungen werden für gescheitert erklärt und ein Schlichtungsverfahren eingeleitet.

_____ P.

20. Aufgabe

Hinweis: Im Betriebsverfassungsgesetz (BetrVG) ist geregelt, welche Aufgaben, Rechte und Pflichten der Betriebsrat hat. Sein Ziel ist es immer, die Interessen der Mitarbeiter gegenüber dem Arbeitgeber zu vertreten. Die echte Mitbestimmung ist die stärkste Form der Mitwirkung durch den Betriebsrat. Sie erfolgt insbesondere bei der Beteiligung in sozialen und personellen Angelegenheiten (§ 87 BetrVG). Maßnahmen, die der echten Mitbestimmung unterliegen, kann der Arbeitgeber nur treffen, wenn der Betriebsrat ihnen zustimmt. Im Fall 2 hat der Betriebsrat kein Mitbestimmungsrecht, lediglich ein Informationsrecht (bei wirtschaftlichen Angelegenheiten, vgl. §§ 106 Abs. 1 Satz 2, Abs. 2, 108 Abs. 5 BetrVG).

2 Die Bill & Eckhardt KG möchte expandieren und zukünftig auch außereuropäische Märkte erschließen. Da die Geschäftsführer durch einen Studienfreund bereits Kontakte zu einer Exportfirma haben, wollen sie sich persönlich um die Sondierung einer Expansion auf den asiatischen Markt kümmern.

_____ P.

21. Aufgabe

Hinweis: Da die Bill & Eckhardt KG 50 % von den 40 € übernimmt, steigt ihr Bruttogehalt um 20 €.

1 Ihr steuerpflichtiges Entgelt steigt um 20 €.

____ P.

22. Aufgabe

Hinweis: Die allgemeinen Aufgaben einer JAV umfassen alle Angelegenheiten sozialer, personeller oder wirtschaftlicher Art, die die Jugendlichen und Auszubildenden im Betrieb direkt oder indirekt berühren (§ 70 Abs. 1 BetrVG). Die JAV hat keinen unmittelbaren Unterrichtungsanspruch gegenüber dem Dienststellenleiter, sondern nur gegenüber dem Betriebsrat (BR). Nur der Betriebsrat (BR) darf Verhandlungen direkt mit den Arbeitgebern führen. Sind zur Erfüllung der Aufgaben Gespräche mit den Arbeitgebern nötig, muss sich die JAV daher zuerst an den BR wenden.

3 Die JAV-Mitglieder dürfen beantragen, dass die Einführung eines verbesserten Beurteilungssystems für die Auszubildenden der Bill & Eckhardt KG in der nächsten Betriebsratssitzung als Tagesordnungspunkt eingebracht und anschließend erörtert wird.

____ P.

23. Aufgabe

Hinweis: Leonie Süß ist als volljährige natürliche Person sowohl rechts- als auch geschäftsfähig.
Zu 1: Diese Aussage ist falsch, da man nur geschäftsfähig sein kann, wenn man auch rechtsfähig ist. Rechtsfähig ist jede natürliche Person mit Vollendung der Geburt (das Ungeborene kann jedoch bereits im Mutterleib eine Anwärterschaft auf zukünftige Rechte bekommen, z. B. Erbschaft).
Zu 2: Diese Aussage ist falsch, da Frau Süß keine juristische, sondern eine natürliche Person ist.
Zu 3: Diese Aussage ist falsch, da eine juristische Person mit Gründung voll geschäftsfähig ist.
Zu 4: Diese Aussage ist falsch, da eine juristische Person mit Gründung voll geschäftsfähig ist, und zwar vertreten durch Vertretungsberechtigte (Prokuristen, Bevollmächtigte, Geschäftsführer etc.).

5 Frau Süß ist rechts- und geschäftsfähig.

____ P.

24. Aufgabe

Hinweis: Es handelt sich hier um einen normalen Kaufvertrag nach BGB, demnach verpflichtet sich die Buchhandlung Müller GmbH zur ordnungsgemäßen Lieferung der Ware und Frau Süß zur Zahlung des Kaufpreises.

2 Zweiseitig verpflichtendes Rechtsgeschäft

____ P.

25. Aufgabe

Hinweis: Die Berufschancen von Arbeitnehmern mit Behinderung werden durch die Stilllegung des Fahrstuhls verschlechtert, da die Mobilität der Arbeitnehmer mit Behinderung so eingeschränkt wird und eine Teilnahme an Meetings in höher gelegenen Stockwerken zum Beispiel nicht mehr möglich ist.
Zu 1: Es liegt kein Zielkonflikt vor, da eine Reduktion des Verpackungsmülls auch eine Verbesserung des Images herbeiführt (Öko-Label).
Zu 2: Eine Verlängerung der Wartungsintervalle reduziert tatsächlich die Kosten.
Zu 3: Es existiert kein Zusammenhang zwischen Internet-Plattform und Kita, daher gibt es auch keinen Konflikt.
Zu 5: Auch hier liegt kein Konflikt vor, da eine Maximierung des Umsatzes und eine Erhöhung des Marktanteils in die gleiche Richtung gehen.

4 Die Berufschancen von Arbeitnehmern mit Behinderung sollen verbessert werden und der Fahrstuhl aus Kostengründen stillgelegt werden.

____ P.

26. Aufgabe

Hinweis: Jugendliche dürfen nur in der Zeit von 6–20 Uhr beschäftigt werden. Die Ausnahmen des § 14 (2) JArbSchG greifen bei Frau Zucker nicht, da es sich um einen Einschichtbetrieb handelt. § 14 (3) greift ebenfalls nicht, da sie nicht über 17 Jahre ist und die Bill & Eckhardt KG keine Bäckerei ist. § 14 (4) ist für den vorliegenden Fall nicht relevant. § 16 regelt den grundsätzlichen Ausschluss von Samstagsarbeit für Jugendliche. Die Ausnahmen des §16 greifen hier nicht (zu Antworten 1, 2 und 3).
Eine Inventur ist weder keine ausbildungsfremde Tätigkeit, noch kann mit einer Ausnahmesituation der Schutz von Jugendlichen durch das JArbSchG ausgehebelt werden (zu Antworten 4 und 5).

3 Frau Zucker darf nur am Freitag von 16:00 bis 20:00 Uhr an der Inventur teilnehmen, weil sie nur bis 20:00 Uhr beschäftigt werden darf und Samstagsarbeit für Jugendliche grundsätzlich ausgeschlossen ist.

____ P.

27. Aufgabe

Hinweis: Wenn ein Preisnachlass dazu führt, dass der Selbstkostenpreis unterschritten wird (sog. Preisdumping), und dies in sogenannter „Verdrängungsabsicht" geschieht, verstößt es gegen das Wettbewerbsrecht. Alle anderen Handlungen verstoßen nicht gegen das Wettbewerbsrecht.

5 Sie bietet einige ihrer Produkte über einen längeren Zeitraum deutlich unter Herstellkosten an, um sich gegenüber der Konkurrenz mehr Marktanteile zu verschaffen.

____ P.

28. Aufgabe

Hinweis: Der Kaufvertrag ist zunächst wirksam, da hier aber ein Anfechtungsgrund vorliegt, kann dieser ab dem Zeitpunkt der Anfechtung unwirksam werden. Bei einer Nichtigkeit wäre er von vorneherein unwirksam (rückwirkend). Hier liegt aber kein Nichtigkeitsgrund vor.

2 Der Kaufvertrag ist wirksam. Eine Anfechtung ist aber ebenfalls möglich.

____ P.

29. Aufgabe

Hinweis: Bei einem Preis von 150 € wird mehr Roggen angeboten als nachgefragt, demnach entsteht ein Angebotsüberhang. Wenn diese Situation vorliegt, haben die Käufer eine stärkere Marktmacht, da sie sich einen Verkäufer aussuchen und die Preise evtl. neu verhandeln können. In dieser Situation spricht man von einem Käufermarkt.

3 Käufermarkt – Angebotsüberhang

STARK

Rentabilitätskennzahlen

Eigenkapitalrentabilität*	Gesamtkapitalrentabilität*	Umsatzrentabilität
$= \frac{\text{Gewinn} \cdot 100}{\text{Eigenkapital}}$	$= \frac{(\text{Gewinn} + \text{Fremdkapitalzinsen}) \cdot 100}{\text{Gesamtkapital}}$	$= \frac{\text{Gewinn} \cdot 100}{\text{Umsatzerlöse}}$

Cashflow = Gewinn + Abschreibungen +/– Veränderung der langfristigen Rückstellungen

*Eigenkapital und Gesamtkapital jeweils zum Wert am Jahresanfang.

Deckungsbeitrag/Break-Even-Point

Deckungsbeitrag pro Periode	Deckungsbeitrag pro Stück	Break-Even-Point
= Umsatz – variable Kosten	= Verkaufspreis – variable Kosten pro Stück	$= \frac{\text{Fixkosten}}{\text{Deckungsbeitrag pro Stück}}$

Sonstige

Zinsen
$= \frac{\text{Kapital} \cdot \text{Zinssatz} \cdot \text{Tage}}{100 \cdot 360}$ (Dabei wird der Monat mit 30 Tagen und das Jahr mit 360 Tagen gerechnet.)

Kalkulation (Vorwärtskalkulation)

Listeneinkaufspreis
– Lieferantenrabatt
Zieleinkaufspreis
– Lieferantenskonto
Bareinkaufspreis
+ Bezugskosten
Bezugspreis
+ Handlungskostenzuschlagsatz
Selbstkostenpreis
+ Gewinnzuschlag
Barverkaufspreis
+ Kundenskonto
Zielverkaufspreis
+ Kundenrabatt
Listenverkaufspreis

Kalkulationszuschlag	Kalkulationsfaktor
$= \frac{(\text{Verkaufspreis} - \text{Bezugspreis}) \cdot 100}{\text{Bezugspreis}}$	$= \frac{\text{Verkaufspreis}}{\text{Bezugspreis}}$

Handelsspanne
$= \frac{(\text{Verkaufspreis} - \text{Bezugspreis}) \cdot 100}{\text{Verkaufspreis}}$ oder $\frac{\text{Kalkulationszuschlag}}{\text{Kalkulationsfaktor}}$

Die wichtigsten Formeln im Überblick

Kennzahlen zur Kapitalstruktur

Eigenkapitalquote	Fremdkapitalquote	Verschuldungsgrad
$= \frac{\text{Eigenkapital} \cdot 100}{\text{Gesamtkapital}}$	$= \frac{\text{Fremdkapital} \cdot 100}{\text{Gesamtkapital}}$	$= \frac{\text{Fremdkapital} \cdot 100}{\text{Eigenkapital}}$

Kennzahlen zur Vermögensstruktur

Anlagenintensität	Quote des Umlaufvermögens	Forderungsquote
$= \frac{\text{Anlagevermögen} \cdot 100}{\text{Gesamtvermögen}}$	$= \frac{\text{Umlaufvermögen} \cdot 100}{\text{Gesamtvermögen}}$	$= \frac{\text{Forderungen} \cdot 100}{\text{Gesamtvermögen}}$

Vorratsquote $= \frac{\text{Vorräte} \cdot 100}{\text{Gesamtvermögen}}$

Kennzahlen der Investierung

Anlagendeckungsgrad I	Anlagendeckungsgrad II
$= \frac{\text{Eigenkapital} \cdot 100}{\text{Anlagevermögen}}$	$= \frac{(\text{Eigenkapital} + \text{langfristiges Fremdkapital}) \cdot 100}{\text{Anlagevermögen}}$

Kennzahlen zur Liquidität

1. Grades	2. Grades	3. Grades
$= \frac{\text{verfügbare Zahlungsmittel} \cdot 100}{\text{kurzfristige Verbindlichkeiten}}$	$= \frac{(\text{verfügb. Zahlungsmittel} + \text{kurzfr. Ford.}) \cdot 100}{\text{kurzfristige Verbindlichkeiten}}$	$= \frac{\text{Umlaufvermögen} \cdot 100}{\text{kurzfristige Verbindlichkeiten}}$

Lagerkennzahlen

Durchschnittlicher Lagerbestand		
$= \frac{\text{Jahresanfangsbest.} + \text{Jahresendbest.}}{2}$	$= \frac{\text{Jahresanfangsbest.} + 12\ \text{Monatsendbestände}}{13}$	$= \frac{\text{Bestellmenge}}{2} + \text{Sicherheitsbest.}$

Umschlagshäufigkeit	Durchschnittliche Lagerdauer
$= \frac{\text{Jahresverbrauch}}{\text{durchschnittlicher Lagerbestand}}$ oder $\frac{360}{\text{durchschnittliche Lagerdauer}}$	$= \frac{360}{\text{Umschlagshäufigkeit}}$

Lagerzins	Lagerzinssatz
$= \frac{\text{Wert des durchschnittlichen Lagerbestands} \cdot \text{Lagerzinssatz}}{100}$	$= \frac{\text{durchschnittliche Lagerdauer} \cdot \text{Marktzinssatz}}{360}$

Meldebestand = Mindestbestand + (durchschnittlicher Tagesverbrauch · Beschaffungszeit)

Informationen zum Unternehmen

Firma	Bill & Eckhardt
Rechtsform	KG
Betriebszweck	Großhandel für Sportartikel
Unternehmenssitz	Schlossallee 22 35390 Gießen
Telefon	0641 14567-0
Fax	0641 14567-82
Bankverbindung	Stadtsparkasse Gießen IBAN: DE99 7015 0000 0009 4126 59 BIC: BEGHMSA2NUL
Geschäftsjahr	1. Januar bis 31. Dezember
Personal	Mitarbeiter 60 Auszubildende 6
Abteilungen	Geschäftsleitung Sekretariat Einkauf Lager / Logistik Vertrieb Rechnungswesen Controlling Personal Verwaltung EDV
Gesellschafter/ Geschäftsanteile	Mirko Eckhardt 250.000 € (Komplementär) Christian Bill 150.000 € (Komplementär) Carolin Volk 100.000 € (Kommanditistin) Die Geschäftsanteile wurden vollständig geleistet.
Geschäftsführer	Mirko Eckhardt Christian Bill
Prokuristen	Simone Eckhardt-Seitz (Gesamtprokura) Christiane Bill (Gesamtprokura)

Teil 3: Kaufmännische Steuerung von Geschäftsprozessen

Details zu den Lösungen finden Sie auf den folgenden Seiten.
Pro Aufgabe werden 3,44828 (Gesamtpunktzahl: 100) Punkte vergeben.

Aufgabe Nr.	Seite	Lösung
1	Seite 29	Soll: 5, 3, 6 — Haben: _, _, 9
2	Seite 31	Soll: 2, _ — Haben: 3, 6
3	Seite 32	Soll: 8, _ — Haben: 2, 7
4	Seite 34	Soll: 7, 4 — Haben: _, 8
5	Seite 34	€ 7 2 8 2 , 6 8 ct
6	Seite 35	€ 2 3 8 0 0 , 0 0 ct
7	Seite 35	€ 1 1 4 , 0 0 ct
8	Seite 35	Soll: 6, 3, 2 — Haben: _, _, 8
9	Seite 37	Soll: 7, 2 — Haben: _, 5
10	Seite 37	€ 6 1 5 4 4 , 0 0 ct
11	Seite 37	€ 1 7 0 9 , 5 6 ct
12	Seite 37	Soll: 3 — Haben: 5
13	Seite 38	5 – 1 – 2
14	Seite 38	€ 3 0 0 , 0 0 ct
15	Seite 38	Soll: 4 — Haben: 3
16	Seite 39	2
17	Seite 39	% 3 7 , 5 9
18	Seite 40	% 7 2 , 9 6
19	Seite 40	% 3 9 , 5 5
20	Seite 40	2 – 5 – 4
21	Seite 41	4, 5
22	Seite 41	€ 1 1 6 2 9 2 , 2 7 ct
23	Seite 42	Soll: 1 — Haben: 5
24	Seite 42	Soll: 1, 7 — Haben: _, 4
25	Seite 43	T€ 1 7 2 0 , 0 0 ct
26	Seite 44	T€ 2 3 2 0 0 , 0 0 ct
27	Seite 44	T€ 6 0 0 0 , 0 0 ct
28	Seite 44	T€ 2 3 8 , 9 8 ct
29	Seite 45	€ 2 2 1 3 , 4 0 ct

So viele Punkte habe ich erreicht: ________ So lange habe ich gebraucht: ________

Ausführliche Lösungen

____ P. **1. Aufgabe**

Hinweis: Verpackung und Fracht erhöhen den Wareneinsatz (Saldo des Kontos WE) und werden deshalb auf dem Unterkonto von WE, auf Warenbezugskosten gebucht. Das Konto „Ausgangsfrachten" ist hier nicht relevant. Würden wir die Eingangsrechnung einer Spedition buchen, käme dieses Konto ins Spiel.

Soll	Haben
[5] [3] [6]	[ ] [ ] [9]

____ P. **2. Aufgabe**

Hinweis: Die dem Kunden in Rechnung gestellte Zustellungspauschale wird auf das Konto Warenverkauf gebucht.

Soll	Haben
[2] [ ]	[3] [6]

____ P. **3. Aufgabe**

Hinweis: Dies ist ein Standard-Buchungssatz bei einer Ausgangsrechnung.

Soll	Haben
[8] [ ]	[2] [7]

____ P. **4. Aufgabe**

Hinweis: Die Gutschrift schmälert den Erlös des Verkäufers. Deshalb wird „Nachlässe an Kunden" im Soll gebucht. Außerdem muss die Umsatzsteuer korrigiert werden, da sich ja der Umsatz reduziert hat. Schließlich vermindern sich die Forderungen des Verkäufers.

Soll	Haben
[7] [4]	[ ] [8]

____ P. **5. Aufgabe**

Hinweis: Der ursprüngliche Rechnungsbetrag (8.232,42 €) reduziert sich um die Gutschrift (801,11 €). Von dieser Differenz werden 2 % Skonto abgezogen, sodass 7.282,58 € überwiesen werden müssen.

(8.232,42 − 801,11) · 0,98 = **7.282,68 €**

____ P. **6. Aufgabe**

Hinweis: Die 23.086 € auf dem Kontoauszug sind der Betrag, NACHDEM Skonto von 3 % bereits abgezogen wurde. Also entsprechen die 23.086 € 97 % des ursprünglichen Rechnungsbetrags.

$$\frac{23.086,00\ €}{97} \cdot 100 = \mathbf{23.800,00\ €}$$

____ P. **7. Aufgabe**

Hinweis: Die Differenz zwischen dem ursprünglichen Rechnungsbetrag (23.800 €) und dem Betrag nach Skontoabzug (23.086 €) bezeichnet man als Bruttoskonto. In diesen 714 € steckt einerseits der Nettoskonto (3 % von 20.000 € = 600 €) und andererseits die Umsatzsteuer (3 % von 3.800 € = 114 €). Die 114 € bezeichnet man als Umsatzsteuerkorrektur.

$$714,00\ € - \frac{714,00\ €}{119} \cdot 100 = \mathbf{114,00\ €}$$

____ P. **8. Aufgabe**

Hinweis: Zunächst einmal reduziert sich die Forderung um den ursprünglichen Rechnungsbetrag. Der Kunde überweist jedoch nur den um das Skonto reduzierten Betrag auf das Bankkonto des Verkäufers. Die Differenz ist der Bruttoskontobetrag. Der Nettoskontobetrag (600 €) wird auf das Konto „Kundenskonti“ gebucht. Dies ist ein Unterkonto von „Warenverkauf“ und schmälert den Erlös des Verkäufers. Die Umsatzsteuerkorrektur (114 €) komplettiert den Buchungssatz, sodass die Summe der Sollseite wieder der Summe der Habenseite entspricht.

Soll	Haben
[6] [3] [2]	[ ] [ ] [8]

____ P. **9. Aufgabe**

Hinweis: Die Anschaffungsnebenkosten (Überführung und Zulassung) werden aktiviert und nicht gesondert als Aufwand gebucht.

Soll	Haben
[7] [2]	[ ] [5]

____ P. **10. Aufgabe**

Hinweis: Zu den Anschaffungskosten zählen auch die Anschaffungsnebenkosten, hier Überführung und Zulassung. NICHT dazu zählt die Vorsteuer.

Da innerhalb der Skonto-Periode gezahlt wird:
$62.800,00\ € \cdot 0,98 = \mathbf{61.544,00\ €}$

_____ P. **11. Aufgabe**

Hinweis: Da das Fahrzeug erst im November angeschafft wird, dürfen für das Jahr 2022 nur zwei Monate abgeschrieben werden.

$$\frac{61.544,00\ €}{6} = 10.257,33\ €\ \text{(Abschreibungengsbetrag pro Jahr)}$$

$$\frac{10.257,33\ €}{12} \cdot 2 = \mathbf{1.709,56\ €}\ \text{(Abschreibungsbetrag für 2 Monate)}$$

_____ P. **12. Aufgabe**

Soll	Haben
3	5

_____ P. **13. Aufgabe**

Hinweis:
Passiver Rechnungsabgrenzungsposten: Einnahme im alten Jahr, aber Ertrag erst im neuen Jahr
Rückstellungen: Am Bilanzstichtag besteht eine Zahlungsverpflichtung für das neue Jahr (Rechnung des Rechtsanwalts), deren Höhe ungewiss ist, d. h., der Kostenvoranschlag ist nur ein geschätzter Betrag.
Sonstige Forderungen: Ertrag im alten Jahr, aber Einnahme erst im neuen Jahr

5 Passive Rechnungsabgrenzungsposten
1 Rückstellungen
2 Sonstige Forderungen

_____ P. **14. Aufgabe**

Hinweis: Zwei Monate (Januar und Februar) liegen im neuen Geschäftsjahr und müssen entsprechend abgegrenzt werden.

Der Beitrag pro Monat beträgt $\frac{1.800,00\ €}{12} = 150,00\ €$

Betrag für zwei Monate = 2 · 150,00 € = **300,00 €**

_____ P. **15. Aufgabe**

Hinweis: Die Ausgabe erfolgt im alten Geschäftsjahr, obwohl ein Teil des Aufwands (für Januar und Februar) im neuen Geschäftsjahr liegt. Um diese für das alte Geschäftsjahr zu hohe Minderung des Bankguthabens auszugleichen, wird auf dem Konto „Aktive Rechnungsabgrenzung" gebucht. Die Buchung auf der Habenseite des Kontos Versicherungen bewirkt eine Minderung des Aufwands.

Soll	Haben
4	3

____ P. **16. Aufgabe**

Hinweis: Durch die sog. Fixkostendegression werden die konstanten Fixkosten (5.000 €) auf mehr Kilometer umgelegt. Je mehr Laufleistung in Kilometer, desto weniger Fixkosten pro Kilometer.

5.000 € : 20.000 km = 0,25 € Fixkostenanteil pro km
5.000 € : 25.000 km = 0,20 € Fixkostenanteil pro km

2 Auf fallenden Fixkostenanteil je km

____ P. **17. Aufgabe**

Hinweis:
Anlagevermögen = Gebäude + BGA + Fuhrpark
Gesamtvermögen = Bilanzsumme (Summe der Positionen auf der Aktivseite)

$$\textit{Intensität des Anlagevermögens} = \frac{\textit{Anlagevermögen}}{\textit{Gesamtvermögen}} \cdot 100$$

Anlagevermögen = 690 TEUR + 250 TEUR + 140 TEUR = 1.080 TEUR
Gesamtvermögen = 2.873 TEUR

$$\text{Intensität des Anlagevermögens} = \frac{(690\,\text{TEUR} + 250\,\text{TEUR} + 140\,\text{TEUR})}{2.873\,\text{TEUR}} \cdot 100 = \mathbf{37{,}59\ \%}$$

____ P. **18. Aufgabe**

Hinweis:
Eigenkapital = 788 TEUR
Anlagevermögen = 1.080 TEUR (siehe Aufgabe 17)

$$\textit{Anlagendeckung I} = \frac{\textit{Eigenkapital}}{\textit{Anlagevermögen}} \cdot 100$$

$$\text{Anlagendeckung I} = \frac{788\ \text{TEUR}}{1.080\ \text{TEUR}} \cdot 100 = \mathbf{72{,}96\ \%}$$

____ P. **19. Aufgabe**

Hinweis:

$$\textit{Liquidität II} = \frac{\textit{flüssige Mittel + kurzfristige Forderungen}}{\textit{kurzfristige Verbindlichkeiten}} \cdot 100$$

Flüssige Mittel = Kasse + Bank = 18 TEUR + 125 TEUR = 143 TEUR
Kurzfristige Forderungen = Forderungen aus LL = 300 TEUR
Kurzfristige Verbindlichkeiten = 1.120 TEUR

$$\text{Liquidität II} = \frac{(143\,\text{TEUR} + 300\,\text{TEUR})}{1.120\,\text{TEUR}} \cdot 100 = \mathbf{39{,}55\ \%}$$

____ P. **20. Aufgabe**

Hinweis: Folgender Zusammenhang gilt:
Gesamtergebnis = neutrales Ergebnis + Betriebsergebnis
Das Gesamtergebnis entspricht dem Reingewinn/Reinverlust aus der GuV
Gesamtergebnis = Erträge – Aufwendungen
Betriebsergebnis = Leistungen – Kosten

Gesamtergebnis = 477.000 € – 389.000 € = **88.000 €**
Betriebsergebnis = 177.000 € – 205.000 € = **–28.000 €**

Nach dem neutralen Ergebnis umgestellt:
neutrales Ergebnis = Gesamtergebnis – Betriebsergebnis
= 88.000 € – (–28.000 €) = **116.000 €**

2 Betriebsergebnis
5 Gesamtergebnis
4 Neutrales Ergebnis

____ P. **21. Aufgabe**

Hinweis:
Zu 1: Wenn die Sparkasse das Fahrzeug als Pfand bekäme, hätte die Bill & Eckhardt KG keinen Zugriff darauf. Das Pfand lagert beim Kreditgeber.
Zu 2: Ein verstärkter Personalkredit wird durch eine Bürgschaft durch einen Dritten abgesichert.
Zu 3: Die KG darf den Wagen auch nach der Darlehenslaufzeit nutzen.
Zu 6: Die Sparkasse bleibt nur so lange Eigentümer. Der Lieferwagen geht auch schon während der Darlehenslaufzeit in den Besitz der KG über.

4 Die Sparkasse bleibt nur so lange Eigentümer des Lieferwagens, bis das Darlehen vollständig zurückgezahlt ist.
5 Die Sparkasse hat im Falle einer Insolvenz der Bill & Eckhardt KG das Recht, den Lieferwagen aus der Insolvenzmasse auszusondern.

____ P. **22. Aufgabe**

Hinweis: Die Umbuchung zwischen den Konten Vst und Ust ist immer (!!): ***Ust an Vst*** *(hier: Ust an Vst 95.658,47 €).*
Ust > Vst → Zahllast
Ust < Vst → Vst-Überhang

Vorsteuer (140)

Soll		Haben	
(171)	12.214,25	(171)	55.203,13
(171)	133.420,36	*Ust*	*95.658,47*
(151)	5.226,99		
	150.861,60		**150.861,60**

Umsatzsteuer (180)

Soll		Haben	
Vst	95.658,47	(101)	72.130,57
SBK	**116.292,27**	(101)	139.820,17
	211.950,74		**211.950,74**

Zahllast = **116.292,27 €**

____ P. **23. Aufgabe**

Hinweis: Da mehr Ust eingenommen als Vst bezahlt wurde, haben wir eine Zahllast. Diese (116.292,27 €) wird auf das Schlussbilanzkonto ausgebucht. Umsatzsteuer stellt eine Verbindlichkeit gegenüber dem Finanzamt dar.

Soll	Haben
[1]	[5]

____ P. **24. Aufgabe**

Hinweis:
Zu 1: Verbindlichkeiten gegenüber Kreditinstituten (082) ist ein Passivkonto und wird im Soll weniger (Tilgung/Rückzahlung).
Zu 7: Zinsen und ähnliche Aufwendungen (210) ist ein Aufwandskonto und werden daher im Soll gebucht.
Zu 4: Kreditinstitute (131) ist ein Aktivkonto und nimmt im Haben ab. Der Kontostand sinkt durch Zahlung der Tilgung und der Zinsen (siehe Kontoauszüge).

Soll	Haben
[1] [7]	[ ] [4]

____ P. **25. Aufgabe**

Hinweis: Umsatzsteuer gilt als kurzfristige Verbindlichkeit, da sie immer am 10. des Folgemonats an das Finanzamt abgeführt werden muss.

Darlehensschulden = 1.050 TEUR
Verbindlichkeiten = 600 TEUR
Umsatzsteuer = 70 TEUR

Darlehensschulden + Verbindlichkeiten + Umsatzsteuer
= 1.050,00 + 600,00 + 70,00 = **1.720,00 TEUR**

____ P. **26. Aufgabe**

Hinweis: Warenverkaufserlöse – Wareneinsatz = Warenrohgewinn

53.000,00 – 29.800,00 = **23.200,00 TEUR**

____ P.

27. Aufgabe

Hinweis:

Warenreingewinn = Erträge – Aufwendungen
Summe der Aufwendungen =
Abschreibungen + Personalaufwand + sonstige Aufwendungen + Wareneinsatz
Summe der Erträge = Warenverkaufserlöse + sonstige Erträge

Summe der Aufwend. = 1.900,00 + 13.000,00 + 4.800,00 + 29.800,00 = 49.500,00 TEUR

Summe der Erträge = 53.000,00 + 2.500,00 = 55.500,00 TEUR

Warenreingewinn = 55.500,00 TEUR – 49.500,00 TEUR = **6.000,00 TEUR**

____ P.

28. Aufgabe

Hinweis: Kostengünstigster Zahltag ist immer der letztmögliche Tag, an dem Skonto in Anspruch genommen werden kann (hier der 10. Tag), da der Zeitraum, welcher mit einem Kredit überbrückt werden muss, so minimiert wird (hier 20 Tage). Finanziert werden muss nur der durch Inanspruchnahme von Skonto verminderte Rechnungsbetrag. Zugrunde gelegt werden muss die Netto-Ersparnis, da die Umsatzsteuer („durchlaufender Posten") am 10. des Folgemonats an das Finanzamt abgeführt werden muss.

Überweisungsbetrag nach Abzug von Skonto:
12.750,00 € · 97 % = 12.367,50 €
Ersparnis: 12.750,00 € – 12.367,50 € = 382,50 €
Ersparnis netto: 382,50 € : 1,19 = 321,43 €

Kreditkosten für 12.367,50 € für 20 Tage:

$$Z = \frac{12.367,50\text{ €} \cdot 12 \cdot 20\text{ Tage}}{100 \cdot 360\text{ Tage}} = 82,45\text{ € Zinskosten}$$

Zinsgewinn: 321,43 – 82,45 = **238,98 €**

____ P.

29. Aufgabe

Hinweis: Gesicherte Forderungen (z. B. bei Eigentumsvorbehalt oder Sicherungsübereignung) werden aus der Insolvenzmasse vorab ausgesondert.

Netto 6.000,00 € · 1,19 = 7.140,00 € Bruttoforderungen
Brutto-Gesamtforderungen · Insolvenzquote = 7.140,00 · 31 % = **2.213,40 €**

Teil 1: Prozessorientierte Organisation von Großhandelsgeschäften

Verkauf kundenorientiert planen und durchführen; Warenbezogene Rückabwicklungsprozesse organisieren und durchführen

27 Punkte
30 Minuten

1. Aufgabe

6 Punkte

1.1 Durch die Neuaufnahme der Warengruppe „Fahrräder und Fahrradzubehör" reicht die Lagerkapazität der Bill & Eckhardt KG nicht mehr aus.

Erläutern Sie **drei** Möglichkeiten, die zur Lösung dieses Problems beitragen können.

8 Punkte

1.2 Im Zuge der Neuaufnahme der Warengruppe „Fahrräder und Fahrradzubehör" plant die Bill & Eckhardt KG ihre Beschaffung zu optimieren. Dazu soll eine ABC-Analyse durchgeführt werden.

Vervollständigen Sie die abgebildete Tabelle. Runden Sie bei den Anteilen in Prozent auf eine Nachkommastelle.

Die Bill & Eckhardt KG hat folgende Grenzwerte festgelegt:

A-Güter kumuliert ca. 65 % (Wertanteil)

C-Güter kumuliert ca. 10 % (Wertanteil)

Artikel-Nr.	Jahresbedarf	Bezugspreis	Wareneinsatz	Wareneinsatz Anteil in %	Rangfolge	ABC-Bewertung
18.234	2000	19,00 €				
18.235	3000	59,00 €				
18.236	2500	39,00 €				
18.237	4000	69,00 €				
18.238	6000	9,00 €				
18.239	3000	12,00 €				
18.240	5000	69,00 €				
18.241	4000	119,00 €				
18.242	2000	35,00 €				
18.243	3000	169,00 €				

1.3 Die Kosten der Lagerhaltung sind durch die Sortimentserweiterung im letzten Quartal gestiegen. Die Lagerbestände müssen nun durch Kennzahlenauswertung genauer überwacht werden.

2 Punkt **1.3.1** Erläutern Sie die Kennzahl „Lagerumschlagshäufigkeit".

6 Punkte **1.3.2** Ermitteln Sie rechnerisch nachvollziehbar folgende drei Lagerkennzahlen für das vierte Quartal 20XX (zwei Nachkommastellen).

a) Durchschnittlicher Lagerbestand (auf Monatsbasis)

b) Umschlagshäufigkeit

c) Durchschnittliche Lagerdauer

Artikel: Reifen „Bussard, Super Contact, 28 Zoll"
Artikel-Nr. 302128

Datum	Zugang in Stück	Abgang in Stück	Bestand in Stück
02.10.XX			600
19.10.XX	700		
26.10.XX		200	
01.11.XX		400	
10.11.XX	900		
20.11.XX		300	
29.11.XX		500	
05.12.XX		200	
18.12.XX	800		
30.12.XX		400	

4 Punkte **1.3.3** Berechnen Sie die Lagerzinsen pro Quartal in Euro für den Artikel „Reifen, Bussard, Super Contact, 28 Zoll", wenn ein Bankzins von 4 % p. a., d. h. 1 % pro Quartal angenommen wird. Der Wareneinsatz beträgt 30.000 €.

1 Punkt **1.3.4** Interpretieren Sie den unter 1.3.3 berechneten Betrag.

Handelsspezifische Beschaffungslogistik planen und steuern

31 Punkte, 35 Minuten

2. Aufgabe

Situation

Die Bill & Eckhardt KG möchte ihr Sortiment bzgl. E-Mountainbikes erweitern.

2 Punkte **2.1** Im Rahmen der Bedarfsplanung müssen Sie sich zunächst einen Überblick über die Bedarfsmengen verschaffen. Nennen Sie **zwei Quellen** (abgesehen vom Internet), die Ihnen Informationen über voraussichtliche Bedarfsmengen liefern.

2 Punkte **2.2** Geben Sie **zwei Möglichkeiten** an (neben den Quellen, die Sie bei Nr. 2.1 genannt haben), wie Sie Bezugsquellen für E-Mountainbikes finden können.

10 Punkte **2.3** Formulieren Sie auf dem abgebildeten Vordruck eine Anfrage (in Anlehnung an DIN 5008) über die Lieferung von E-Mountainbikes „Rubin Mountain GX" an die Bike Eberl GmbH (Mauerstraße 5, 35390 Gießen).

Stellen Sie einen Jahresbedarf von 800 Rädern in Aussicht (200 Stück mit der Rahmenhöhe 45 cm, 250 mit 50 cm und 350 mit 55 cm) und schlagen Sie eine Kaufvertragsart vor, die der Bill & Eckhardt KG eine kostengünstige Lagerhaltung ermöglicht.

Bill & Eckhardt

Bill & Eckhardt KG • Schlossallee 22 • 35390 Gießen

Tel.: 0641 14567-0
Fax: 0641 14567-82

Ihr Zeichen, Ihre Nachricht	Unser Zeichen, unsere Nachricht	Telefon-Durchwahl	Datum
	XX	23	

Bill & Eckhardt KG, Sitz Gießen Handelsregister Amtsgericht Gießen HRA 20 307 Geschäftsführer: Mirko Eckhardt, Christian Bill	Bankverbindung Stadtsparkasse Gießen IBAN: DE99 7015 0000 0009 4126 59 BIC: BEGHMSA2NUL USt-IdNr.: DE987654321

8 Punkte **2.4** Um einen Vergleich zu haben, haben Sie mehrere Anfragen verschickt. Als Reaktion erhält die Bill & Eckhardt KG zwei Angebote für qualitativ vergleichbare E-Mountainbikes. Die Preise sind unabhängig von der Rahmenhöhe.

Angebot A:
Listenpreis je Fahrrad 1.390,00 € netto zuzüglich Umsatzsteuer. Der Lieferer gewährt ab 300 Stück einen Mengenrabatt in Höhe von 15 %, bei Mengen ab 500 Stück beträgt der Mengenrabatt 20 %. Das Zahlungsziel beträgt 30 Tage, bei Zahlung innerhalb von 10 Tagen werden 3 % Skonto gewährt. Die Bezugskosten betragen 400,00 € pro Lieferung.

Angebot B:
Für 800 angefragte Stück beträgt der Listenpreis insgesamt 952.000,00 €. Es werden 7 % Mengenrabatt ab 200 Stück und 2 % Skonto bei Zahlung innerhalb von 8 Tagen gewährt, das Zahlungsziel beträgt 30 Tage. Die Lieferung erfolgt frei Haus.

Ermitteln Sie unter Verwendung des Kalkulationsschemas den günstigsten Bezugspreis für ein Fahrrad bei einer Bestellung von 800 Stück.

6 Punkte **2.5** Berechnen Sie für das Angebot A den **Kalkulationszuschlag**, den **Kalkulationsfaktor** und die **Handelsspanne**.
Wir gehen von einem Listenverkaufspreis von 1.500 € aus.

3 Punkte **2.6** Nennen Sie **drei mögliche Gründe,** warum Sie dennoch den teureren Lieferanten bevorzugen könnten.

Marketingmaßnahmen planen, durchführen, kontrollieren und steuern

11 Punkte
15 Minuten

3. Aufgabe

Situation

Die Bill & Eckhardt KG beabsichtigt, ihren Marktanteil bei E-Mountainbikes weiter auszubauen, und möchte deshalb neue Fahrradfachgeschäfte in ganz Deutschland als Kunden gewinnen. Innerhalb des nächsten Quartals soll die Kundenzahl um 20 % steigen. Für die Werbekampagne stehen 100.000 € zur Verfügung.

3 Punkte

3.1 Um ihren Bekanntheitsgrad zu steigern, plant die Bill & Eckhardt KG die Teilnahme an der großen Fahrradmesse „Future Bike“. Erläutern Sie anhand von **drei Aspekten**, wie man den Erfolg einer Messeteilnahme bestimmen kann.

2 Punkte

3.2 Erläutern Sie den Unterschied zwischen Absatzwerbung und Public Relations.

6 Punkte

3.3 Erstellen Sie anhand der folgenden Tabelle einen Werbeplan für eine Werbekampagne der Bill & Eckhardt KG.

Punkte des Werbeplans	Zentrale Fragestellung	Konkretisierung/Anwendung
Werbeobjekt	Für welche Produkte soll geworben werden?	E-Mountainbikes
Werbeziele		
Werbeetat		
Streukreis		
Streugebiet		
Streuzeit		
Werbemittel		

Verkauf kundenorientiert planen und durchführen

12 Punkte
15 Minuten

4. Aufgabe

Situation

Die Bill & Eckhardt KG hat neben Kompletträdern auch Fahrradzubehör in ihrem Sortiment. Ein wichtiges Produkt sind besonders sichere und leichte Fahrradhelme.

7 Punkte

4.1 Sie sind Mitarbeiter im Einkauf bei der Bill & Eckhardt KG und Ihnen liegen folgende Werte vor:
Liefererrabatt 5 %, Liefererskonto 3 %, Kundenrabatt 7 %, Kundenskonto 2 %, pro Helm 3,00 € Bezugskosten, Handlungskosten 36 % und Gewinn 20 %.

Ermitteln Sie nachvollziehbar mittels des Kalkulationsschemas den Listeneinkaufspreis für einen Fahrradhelm, den Sie höchstens akzeptieren werden, wenn der Listenverkaufspreis von 129,00 € (netto) nicht überschritten werden soll.

1 Punkt

4.2 Eine Marktanalyse hat bestätigt, dass Fahrräder und Fahrradzubehör saisonal unterschiedlich stark nachgefragt werden. Erläutern Sie in diesem Zusammenhang **einen Vorteil** der zeitlichen Preisdifferenzierung.

2 Punkte

4.3 Nennen Sie **zwei weitere Möglichkeiten** der Preisdifferenzierung.

2 Punkte

4.4 Nennen Sie **jeweils zwei Gründe**, warum sich die Bill & Eckhardt KG für eine Primär- bzw. Sekundärerhebung entscheiden könnte.

____

____

____

____

Einkauf von Waren und Dienstleistungen marktorientiert planen, organisieren und durchführen

19 Punkte
25 Minuten

5. Aufgabe

Situation

Mirko Eckhardt hat bei der Fahrradmesse „Future Bike" einen Vertreter des japanischen Unternehmens „Rimano Ltd." kennengelernt. „Rimano Ltd." hat ein neues hochwertiges Bremssystem entwickelt, das einen neuen Standard setzen würde.

Per Mail hat die Bill & Eckhardt KG folgendes Angebot erhalten.

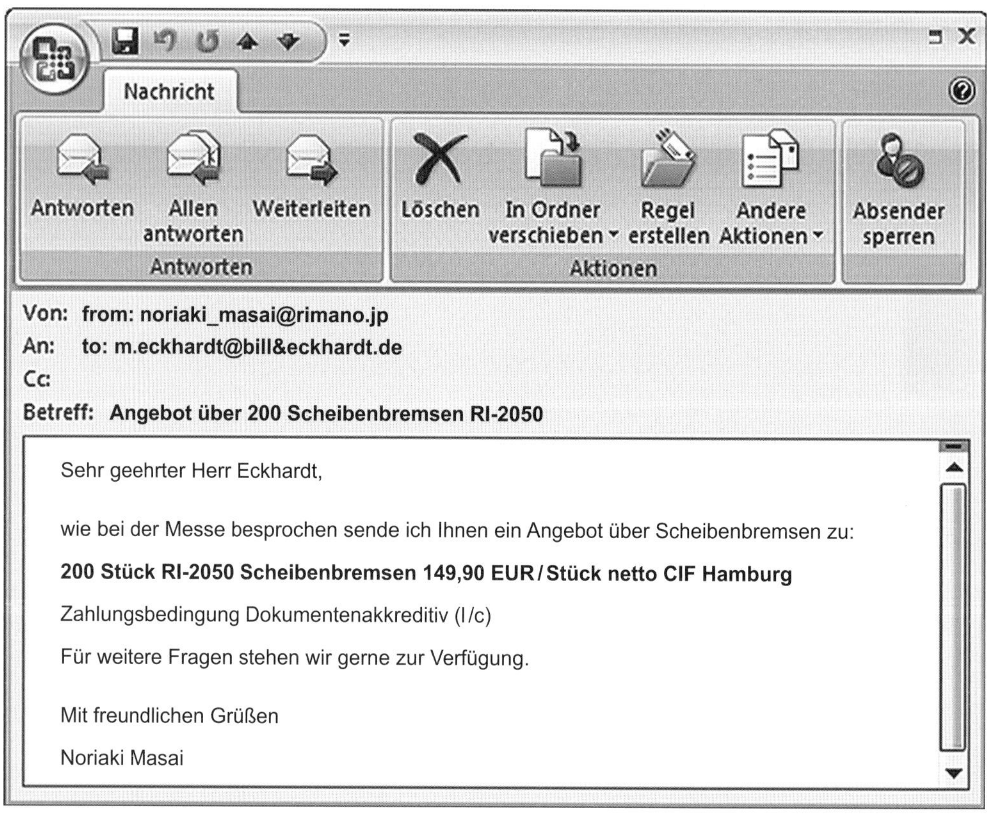

Von: from: noriaki_masai@rimano.jp
An: to: m.eckhardt@bill&eckhardt.de
Cc:
Betreff: **Angebot über 200 Scheibenbremsen RI-2050**

Sehr geehrter Herr Eckhardt,

wie bei der Messe besprochen sende ich Ihnen ein Angebot über Scheibenbremsen zu:

200 Stück RI-2050 Scheibenbremsen 149,90 EUR / Stück netto CIF Hamburg

Zahlungsbedingung Dokumentenakkreditiv (l/c)

Für weitere Fragen stehen wir gerne zur Verfügung.

Mit freundlichen Grüßen

Noriaki Masai

Ihnen liegt folgende Liste mit Transportkosten vor:

Hausfracht von Tokio nach Yokohama	30 $
Verladung Hafen Yokohama	80 $
Seefracht Yokohama – Hamburg	390 $
Entladung Hafen Hamburg	70 $
Hausfracht Hamburg – Gießen	200 $
Aktueller Kurs:	1,15 $/€

3 Punkte **5.1** Übersetzen Sie „CIF“ ins Deutsche und nennen Sie **zwei Pflichten** der Bill & Eckhardt KG und der Rimano Ltd.

3,5 Punkte **5.2** Ermitteln Sie den Bezugspreis in Euro für die gesamte Lieferung unter Angabe des Rechenwegs.

6,5 Punkte **5.3** Ordnen Sie den angeführten Schritten beim Ablauf eines Akkreditivs die entsprechenden Kennzahlen aus dem abgebildeten Ablaufschema zu.

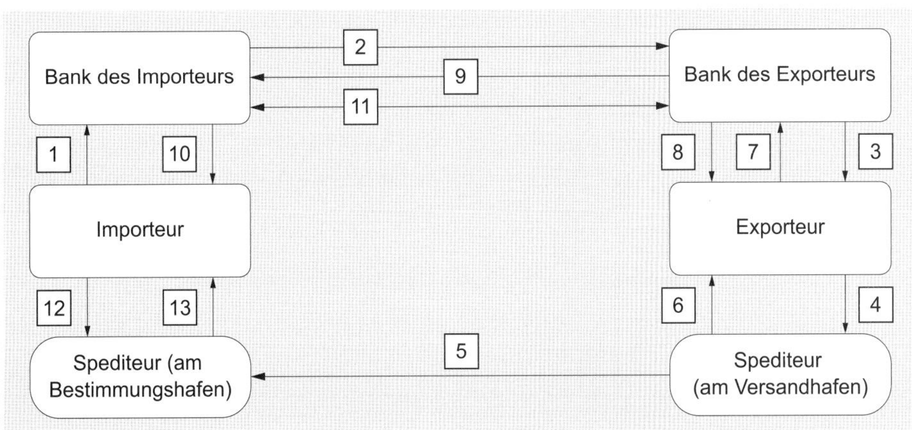

- Kontobelastung und Dokumentenübergabe an Bill & Eckhardt KG ☐
- Avisierung des Akkreditivs ☐
- Warenübergabe an Frachtführer ☐
- Weiterleitung der Dokumente durch Rimano und Prüfung durch avisierende Bank ☐
- Übergabe der Versanddokumente ☐
- Zahlung nach Prüfung der Dokumente ☐
- Mitteilung über Akkreditiveröffnung ☐
- Dokumentenübergabe an eröffnende Bank ☐
- Akkreditiveröffnungsauftrag ☐
- Warenversand zum Bestimmungshafen ☐
- Warenaushändigung an Bill & Eckhardt KG ☐
- Präsentation der Dokumente im Bestimmungshafen ☐
- Verrechnung ☐

3 Punkte

5.4 Im Rahmen des Dokumentenakkreditivs muss die Rimano Ltd. u. a. ein Konnossement vorlegen.

Erläutern Sie die Bedeutung des Konnossements als

a) Beweispapier,

b) Legitimationspapier und

c) Dispositionspapier.

Beweispapier: ____________________

____

Legitimationspapier: ____________________

____

Dispositionspapier: ____________________

____

3 Punkte

5.5 Nennen Sie neben dem Zahlungsrisiko **drei weitere Risiken**, die sich im Außenhandel ergeben können.

____

____

____

100 Punkte
60 Minuten

Teil 2: Wirtschafts- und Sozialkunde

Tragen Sie die Lösungen der Aufgaben in die Kästchen auf dem Lösungsbogen ein (siehe Seite 93).

1. Aufgabe

Prüfen Sie, welche **zwei Aussagen** zum Wirtschaftswachstum korrekt sind.

1. Qualitatives Wirtschaftswachstum kann erreicht werden, wenn es zu einer besseren Verteilung der Einkommen innerhalb der Volkswirtschaft kommt.
2. Qualitatives Wirtschaftswachstum liegt dann vor, wenn das reale Bruttoinlandsprodukt sinkt.
3. Werden in einer Volkswirtschaft mehr Güter oder Dienstleistungen hergestellt, spricht man immer von qualitativem Wirtschaftswachstum.
4. Quantitatives Wirtschaftswachstum liegt dann vor, wenn die reale Zunahme des Bruttoinlandsprodukts größer als die Lohnsteigerung des durchschnittlichen Arbeitnehmers in einer Volkswirtschaft ist.
5. Quantitatives Wirtschaftswachstum wird beispielsweise immer dann erreicht, wenn der staatliche Konsum einer Volkswirtschaft um 5 % wächst.

Situation zu Aufgabe 2

Die Personalreferentin der Bill & Eckhardt KG, Frau Schneider, hat für die Ausübung ihrer Aufgaben (Personaleinstellungen, Entlassungen und Klärung arbeitsrechtlicher Fragen) die notwendige Artvollmacht erhalten.

2. Aufgabe

Prüfen Sie, zu welcher Handlung Frau Schneider nicht berechtigt ist.

1. Sie lädt Bewerberinnen und Bewerber schriftlich zu einem Assessment-Center ein
2. Sie stuft Mitarbeiterinnen und Mitarbeiter in die entsprechenden Gehaltsgruppen ein.
3. Sie führt eine Statistik über den Krankenstand aller Mitarbeiter*innen und wertet diese zur Vorlage bei der Geschäftsleitung aus.
4. Sie erteilt einem Mitarbeiter Prokura.
5. Sie verfasst Arbeitszeugnisse für Mitarbeiterinnen und Mitarbeiter, die die Firma verlassen.

3. Aufgabe

Welche der folgenden Positionen kann bei der Einkommensteuererklärung gegenüber dem Finanzamt nicht als Werbungskosten bei Einkünften aus nichtselbstständiger Arbeit geltend gemacht werden?

1. Beiträge zu einer Gewerkschaft
2. Beiträge zur Sozialversicherung
3. Aufwendungen für Arbeitskleidung im ausgeübten Beruf
4. Aufwendungen für die Jobsuche (Kosten für Bewerbungen etc.)
5. Aufwendungen für direkte Fahrten zwischen Wohnung und Arbeitsstätte

4. Aufgabe

Das Finanzamt hat Ihrem Kollegen für erhöhte Werbungskosten (z. B. langer Anfahrtsweg zur Arbeit) einen monatlichen Freibetrag in Höhe von 150,00 € anerkannt.

Welche finanzielle Auswirkung hat dies für Ihren Kollegen?

1. Die monatliche zu zahlende Lohnsteuer sinkt um 150 €.
2. Das jährliche Nettoentgelt Ihres Kollegen steigt um 1.800 €.
3. Das Jahresnettoeinkommen wird um 1.800 € (12 · 150 €) gemindert.
4. Er zahlt jetzt nur noch Lohnsteuer, wenn die zu zahlende Lohnsteuer höher ist als 150,00 € monatlich.
5. Das monatliche steuerpflichtige Bruttoentgelt Ihres Kollegen wird bei der Lohnsteuerberechnung um 150,00 € gemindert.

5. Aufgabe

Die Bundesregierung möchte die Konjunktur ankurbeln und gleichzeitig Unternehmen unterstützen, die neue und umweltverträgliche Produkte herstellen.

Entscheiden Sie, welche Maßnahme für diese Zielsetzung besonders gut geeignet ist.

1. Die Förderung für den Austausch alter Heizungen in Privathaushalten wird abgeschafft.
2. Der Bund übernimmt die Kosten für den Einbau von Feinstaubfiltern für ältere Dieselfahrzeuge.
3. Die Demontage von Solaranlagen wird mit Subventionen gefördert.
4. Der Bundesminister für Wirtschaft und Energie sagt den von der Schließung bedrohten Kohlekraftwerken finanzielle Unterstützung zu.
5. Der Staat erhöht die Unternehmensteuern für die Herstellung von Windkraftanlagen.

6. Aufgabe

Das Modell des Konjunkturzyklus besteht aus vier Phasen. Stellen Sie fest, welcher Sachverhalt im Modell auf die Phase des Aufschwungs (Erholung) zutrifft!

1. Die Produktionskapazitäten der Unternehmen sind stark ausgelastet.
2. Es kommt zu einem starken Anstieg der Arbeitslosenzahlen.
3. Die Löhne steigen moderat.
4. Die Unternehmen können die offenen Stellen nicht mehr besetzen, da es auf dem Arbeitslosenmarkt keine Arbeitskräfte mehr gibt.
5. Die Gewinne der Unternehmen fallen.

7. Aufgabe

Während einer Sonderverkaufsaktion im Lager der Bill & Eckhardt KG kauft der Privatkunde Schubert einen Tennisschläger. Über die Gültigkeit der AGB hat der Kunde allerdings eine andere Auffassung als die Bill & Eckhardt KG.

Stellen Sie anhand des abgebildeten Auszugs fest, welche der Aussagen zu den AGB zutreffen!

1. Da bei Vertragsabschluss vergessen wurde, auf die AGB aufmerksam zu machen, holt die Bill & Eckhardt KG dies nach. Als sie nach 4 Tagen dem Kunden Schubert die Rechnung schickt, weist sie ausdrücklich schriftlich auf die AGB hin. Die AGB sind damit gültig.
2. Durch ungewöhnliche Umstände kann es sein, dass einzelne Bestimmungen in den AGB für Herrn Schubert so überraschend sind, dass er nicht mit ihnen zu rechnen braucht. Somit wird die betroffene Klausel nicht Vertragsbestandteil.
3. Die AGB werden auch dann Vertragsbestandteil, wenn die Bill & Eckhardt KG den Kunden Schubert nicht auf sie aufmerksam macht.
4. Wenn die AGB in einem Punkt gegen ein gesetzliches Verbot verstoßen, ist der gesamte Kaufvertrag nichtig.
5. Da AGB immer Vorrang vor individuellen Abreden haben, sind mündlich getroffene Vereinbarungen generell ungültig.

Auszug aus dem BGB

§ 305 Einbeziehung Allgemeiner Geschäftsbedingungen in den Vertrag

(1) Allgemeine Geschäftsbedingungen sind alle für eine Vielzahl von Verträgen vorformulierten Vertragsbedingungen, die eine Vertragspartei (Verwender) der anderen Vertragspartei bei Abschluss eines Vertrags stellt. Gleichgültig ist, ob die Bestimmungen einen äußerlich gesonderten Bestandteil des Vertrags bilden oder in die Vertragsurkunde selbst aufgenommen werden, welchen Umfang sie haben, in welcher Schriftart sie verfasst sind und welche Form der Vertrag hat. Allgemeine Geschäftsbedingungen liegen nicht vor, soweit die Vertragsbedingungen zwischen den Vertragsparteien im Einzelnen ausgehandelt sind.

(2) Allgemeine Geschäftsbedingungen werden nur dann Bestandteil eines Vertrags, wenn der Verwender bei Vertragsschluss

1. die andere Vertragspartei ausdrücklich oder, wenn ein ausdrücklicher Hinweis wegen der Art des Vertragsschlusses nur unter unverhältnismäßigen Schwierigkeiten möglich ist, durch deutlich sichtbaren Aushang am Ort des Vertragsschlusses auf sie hinweist und
2. der anderen Vertragspartei die Möglichkeit verschafft, in zumutbarer Weise, die auch eine für den Verwender erkennbare körperliche Behinderung der anderen Vertragspartei angemessen berücksichtigt, von ihrem Inhalt Kenntnis zu nehmen,

und wenn die andere Vertragspartei mit ihrer Geltung einverstanden ist. [...]

§ 305 b Vorrang der Individualabrede

Individuelle Vertragsabreden haben Vorrang vor Allgemeinen Geschäftsbedingungen.

§ 305 c Überraschende und mehrdeutige Klauseln

(1) Bestimmungen in Allgemeinen Geschäftsbedingungen, die nach den Umständen, insbesondere nach dem äußeren Erscheinungsbild des Vertrags, so ungewöhnlich sind, dass der Vertragspartner des Verwenders mit ihnen nicht zu rechnen braucht, werden nicht Vertragsbestandteil.

(2) Zweifel bei der Auslegung Allgemeiner Geschäftsbedingungen gehen zu Lasten des Verwenders.

§ 306 Rechtsfolgen bei Nichteinbeziehung und Unwirksamkeit

(1) Sind Allgemeine Geschäftsbedingungen ganz oder teilweise nicht Vertragsbestandteil geworden oder unwirksam, so bleibt der Vertrag im Übrigen wirksam.[...]

8. Aufgabe

Die Bill & Eckhardt KG befindet sich mit ihrem Produkt „Golfschläger De Luxe“ in einem Angebotsoligopol. Prüfen Sie, welche Aussage korrekt ist.

1. Die Bill & Eckhardt KG hat wenige Kunden, aber viele Mitbewerber.
2. Die Bill & Eckhardt KG kann den Marktpreis bestimmen.
3. Die Bill & Eckhardt KG und alle Mitbewerber haben konstant bleibende Marktanteile.
4. Die Bill & Eckhardt KG ist der einzige Anbieter dieses Produktes.
5. Die Bill & Eckhardt KG hat viele Kunden, aber wenige Mitbewerber.

9. Aufgabe

Bei der Bill & Eckhardt KG müssen aufgrund der veränderten Konkurrenzsituation betriebsbedingt Entlassungen vorgenommen werden.

Wie viele der aufgeführten Personen genießen einen besonderen Kündigungsschutz?

Personalstatistik (Auszug)
Stand: 01.01.20XX
Alle Personen sind länger als 6 Monate ununterbrochen im Unternehmen tätig.

			männlich	**weiblich**
Kaufmännische Angestellte	Vollzeit		12	7
	Teilzeit		7	3
Lagerarbeiter	Vollzeit		32	3
	Teilzeit		–	14
Außendienstmitarbeiter			5	2
Schwerbehinderte			3	1
Aushilfen / Praktikanten			2	4
Auszubildende nach Ablauf der Probezeit			5	2

10. Aufgabe

Stellen Sie fest, welcher Sachverhalt direkt zu einer Absenkung des Bruttoinlandsprodukts in Deutschland führt, vorausgesetzt alle anderen Einflussfaktoren bleiben unverändert.

1. Die Zahl der Arbeitslosen ist im Vergleich zum Vormonat stark gesunken.
2. Die privaten Haushalte beschäftigen mehr Handwerker als im Vorjahr.
3. Die Zahl der Urlauber, die ihren Urlaub in Deutschland verbringen, ist im Vergleich zu den Vorjahren stark gestiegen.
4. Durch die Konkurrenz aus Asien werden in Deutschland wesentlich weniger Solaranlagen hergestellt als im Vorjahr.
5. Die Arbeitsproduktivität der arbeitslosen Hausfrauen und Hausmänner ist gestiegen.

11. Aufgabe

Die Bill & Eckhardt KG möchte prüfen, zu welchem Preis sie das neue Modell des Mountainbikes „Mortirolo“ anbieten soll. Dabei erhält die Bill & Eckhardt KG die folgenden Daten eines Marktforschungsinstituts:

Stückpreis	850,00 €	900,00 €	950,00 €	1.000,00 €	1.050,00 €
Erwartete Absatzmenge (Stück)	25.000	23.500	20.000	16.000	11.500

Ermitteln Sie den zu erwartenden Marktanteil der Bill & Eckhardt KG in %, wenn diese das Produkt zu einem Preis von 900 € anbietet und auf dem Gesamtmarkt 188.000 Stück abgesetzt werden.

12. Aufgabe

Prüfen Sie mithilfe der nachstehenden Abbildung, welche Feststellung zur Entstehung des Bruttoinlandsprodukts zutreffend ist.

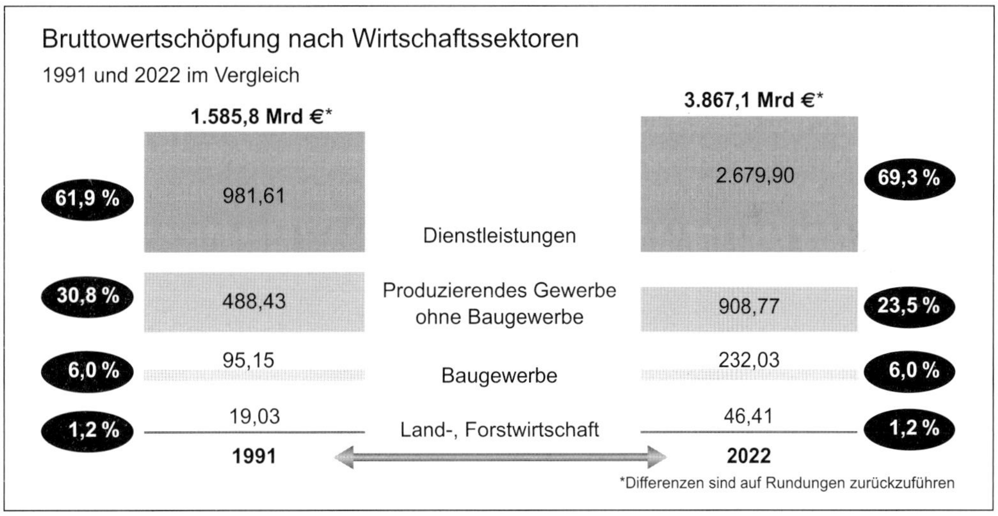

© Statistisches Bundesamt (Destatis) 2023

1. Im Jahr 2022 trug der Bereich des produzierenden Gewerbes mehr zur Bruttowertschöpfung bei als der Bereich der Dienstleistungen.
2. Im Zeitraum von 1991 bis 2022 hat sich die Bruttowertschöpfung mehr als verdreifacht.
3. Die Bruttowertschöpfung im Bereich Land- und Forstwirtschaft hat sich im betrachteten Zeitraum erhöht. Der prozentuale Anteil an der gesamten Bruttowertschöpfung ist hingegen gleichgeblieben.
4. Im Jahr 2022 entstanden 30,8 % der Bruttowertschöpfung im Baugewerbe.
5. Im Jahr 1991 entfiel weniger als die Hälfte der Bruttowertschöpfung auf den Sektor Dienstleistungen.

13. Aufgabe

Sie sind als Mitarbeiter*in in der Einkaufsabteilung der Bill & Eckhardt KG eingesetzt. Sie erhalten einen Anruf eines neuen Anbieters (bicy-chain GmbH) für Fahrradketten, der Ihnen ein telefonisches Angebot über 500 Fahrradketten zu einem Gesamtpreis von 2.500 € netto macht. Über die Bindung dieses Angebots wird nicht gesprochen.

Welche Antwort entspricht der gültigen Rechtslage?

1. Die bicy-chain GmbH ist 24 Stunden an ihr Angebot gebunden.
2. Das Angebot ist 4 Wochen bindend.
3. Das Angebot ist bis zum Ende des Telefongesprächs bindend.
4. Ein Angebot kann nur dann bindend sein, wenn es in schriftlicher Form erfolgt.
5. Die Bindung an das Angebot erlischt generell nach 3 Monaten.

14. Aufgabe

Kinderlose Arbeitnehmer müssen mit Vollendung des 23. Lebensjahres in einem bestimmten Zweig der Sozialversicherung einen Zusatzbeitrag zahlen.

Für welchen Zweig trifft dies zu?

1. Betriebliche Unfallversicherung
2. Rentenversicherung
3. Krankenversicherung
4. Arbeitslosenversicherung
5. Pflegeversicherung

15. Aufgabe

Stellen Sie fest, in welchem Fall der Komplementär Mirko Eckhardt ein einseitiges Rechtsgeschäft vornimmt!

1. Er kauft einen LKW als Ersatz für den alten Lieferwagen.
2. Er lässt den Kreditrahmen der Bill & Eckhardt KG durch seine Bank erhöhen.
3. Er kündigt einem Mitarbeiter wegen Beleidigung und Sachbeschädigung fristlos.
4. Er pachtet das Nachbargrundstück des Geschäftssitzes Gießen, um das Lager vergrößern zu können.
5. Er verschenkt Golfbälle mit Werbeaufdruck an seine Großkunden.

16. Aufgabe

Die Bill & Eckhardt KG möchte ihr Image durch verstärkte Umweltschutzmaßnahmen aufbessern. Welche der Maßnahmen dient insbesondere dem Umweltschutz?

1. Den Müll, der durch das Umverpacken der Ware im Lager entsteht, entsorgen die Mitarbeiter über ihren Hausmüll und reduzieren so den Müll der Bill & Eckhardt KG.
2. Bei der Renovierung der Büroräume wird auf eine Umrüstung auf LED-Beleuchtung aus Kostengründen verzichtet.
3. Die Bill & Eckhardt KG kauft nur Fahrradreifen, die aus recycelten Autoreifen hergestellt wurden.
4. Durch eine neue Lagerorganisation kann die Bill & Eckhardt KG ihren Lagerplatz besser ausnutzen. Um dies umzusetzen, muss der Gabelstapler aber längere Zeit am Tag fahren.
5. Der Abteilungsleiter „Tennis“ verkauft sein Mountainbike, mit dem er zur Arbeit gefahren ist, und kommt stattdessen mit einem neu erworbenen E-Bike zur Arbeit.

17. Aufgabe

Die 17-jährige Nadine Bernhardt arbeitet mit Zustimmung ihrer Eltern als Aushilfe in der Marketingabteilung der Bill & Eckhardt KG. Sie berichtet Ihnen, dass ihre Eltern verärgert über den Auftritt der Tochter während einer Messeveranstaltung seien. Dort hat Nadine das neue Marketingkonzept der Bill & Eckhardt KG eigenständig vorgestellt, da sie auch die neuen Flyer selbst designt hat. Die Eltern sind der Meinung, dass ihre minderjährige Tochter ohne ihre Erlaubnis dazu nicht berechtigt war.

Prüfen Sie anhand des abgebildeten § 113 BGB, in welcher Antwort die rechtliche Situation richtig erklärt wird!

Auszug aus dem BGB

§ 113

(1) Ermächtigt der gesetzliche Vertreter den Minderjährigen, in Dienst oder in Arbeit zu treten, so ist der Minderjährige für solche Rechtsgeschäfte unbeschränkt geschäftsfähig, welche die Eingehung oder Aufhebung eines Dienst- oder Arbeitsverhältnisses der gestatteten Art oder die Erfüllung der sich aus einem solchen Verhältnis ergebenden Verpflichtungen betreffen. Ausgenommen sind Verträge, zu denen der Vertreter der Genehmigung des Familiengerichts bedarf.

(2) Die Ermächtigung kann von dem Vertreter zurückgenommen oder eingeschränkt werden.

(3) Ist der gesetzliche Vertreter ein Vormund, so kann die Ermächtigung, wenn sie von ihm verweigert wird, auf Antrag des Minderjährigen durch das Familiengericht ersetzt werden. Das Familiengericht hat die Ermächtigung zu ersetzen, wenn sie im Interesse des Mündels liegt.

(4) Die für einen einzelnen Fall erteilte Ermächtigung gilt im Zweifel als allgemeine Ermächtigung zur Eingehung von Verhältnissen derselben Art.

1. Nadines Eltern sind im Recht, da alle Rechtsgeschäfte von Minderjährigen schwebend unwirksam sind, d. h. der Zustimmung des gesetzlichen Vertreters bedürfen.
2. Nadines Eltern sind nicht im Recht, da Nadine zwar beschränkt geschäftsfähig ist, aber im Rahmen ihrer Berufsausübung quasi unbeschränkt geschäftsfähig ist.
3. Nadines Eltern sind im Recht, da Nadine als beschränkt Geschäftsfähige nur Rechtsgeschäfte tätigen kann, die sich im Rahmen ihres Taschengeldes bewegen.
4. Nadines Eltern sind im Recht, da Nadine geschäftsunfähig ist.
5. Nadines Eltern sind nicht im Recht, da Nadine voll geschäftsfähig ist und somit jegliche Art von Rechtsgeschäft tätigen kann.

18. Aufgabe

Die neue Mitarbeiterin, Frau Herbst, sieht im Pausenraum der Bill & Eckhardt KG am „schwarzen Brett" verschiedene Aushänge. Als Sie den Raum betreten, fragt Sie Frau Herbst, bei welchem dieser Aushänge es sich um eine *Betriebsvereinbarung* handelt.

1. Urlaub wird Auszubildenden nur genehmigt, wenn dieser nicht das wichtige Weihnachts- und Saisongeschäft im Frühjahr tangiert.
2. Während und nach der Probezeit kann Auszubildenden jederzeit ohne Einhaltung einer Frist gekündigt werden.
3. Die Auszubildenden werden für Berufsschulzeiten freigestellt.
4. Alle Auszubildenden werden einmal pro Lehrjahr zu einem Weiterbildungsseminar eingeladen, um Branchenkenntnisse zu vertiefen.
5. Für die Jugend- und Auszubildendenvertretung sind alle Arbeitnehmer wählbar, die das 25. Lebensjahr noch nicht vollendet haben.

Situation zu den Aufgaben 19 und 20

Der für die Bill & Eckhardt KG gültige Tarifvertrag wurde gekündigt. Die neuen Tarifverhandlungen zwischen Arbeitgebern und Gewerkschaften verlaufen äußerst schwierig. Die Belegschaft der Bill & Eckhardt KG hat daher zu Warnstreiks aufgerufen.

19. Aufgabe

Welche Behauptung trifft in diesem Fall für Warnstreiks zu?

1. Jedes Schlichtungsverfahren wird durch einen Warnstreik überflüssig.
2. Warnstreiks dürfen nur zeitlich begrenzt durchgeführt werden.
3. Um einen Warnstreik rechtlich zulässig durchführen zu können, muss im gesamten Tarifgebiet die Arbeit niedergelegt werden.
4. Warnstreiks dürfen nur nach einer Urabstimmung durchgeführt werden.
5. Nach einer Aussperrung durch die Arbeitgeber sind Warnstreiks nur dann erlaubt, wenn es zunächst ein Schlichtungsverfahren gibt.

20. Aufgabe

Nach dem erfolgten Warnstreik kommt es schließlich zu einer Einigung. Neben dem Gehaltstarifvertrag wird auch ein sogenannter Manteltarifvertrag geschlossen.

Was regelt ein solcher Vertrag unter anderem?

1. Die Anzahl der Urlaubstage
2. Die Vergütung für Auszubildende
3. Die Regelungen zu unterschiedlichen Vergütungsgruppen
4. Den Mindestlohn
5. Den Schichtbeginn im Betrieb

21. Aufgabe

Welche Auswirkung hätte es für einen Arbeitnehmer, wenn dieser in den Betriebsrat der Bill & Eckhardt KG gewählt werden würde?

1. Er würde automatisch von seiner bisherigen Tätigkeit freigestellt und würde hauptamtlich als Betriebsrat arbeiten.
2. Er hätte einen Anspruch auf zusätzliche Urlaubstage.
3. Er dürfte früher in den Ruhestand.
4. Er würde ab dem Tag seiner Wahl besonderen Kündigungsschutz genießen.
5. Er würde von der Gewerkschaft einen Lohnzuschuss erhalten.

Situation zu den Aufgaben 22 und 23

Paula Sommer begann am 01.08.2019 eine Ausbildung zur Großhandelskauffrau in der Bill & Eckhardt KG. Laut Ausbildungsvertrag endet ihr Ausbildungsverhältnis am 31.07.2022. Die schriftliche Abschlussprüfung fand bereits am 07./08.05.2022 statt. Nach Durchführung des letzten Prüfungsteils (mündliche Prüfung) wurde ihr vom zuständigen IHK-Prüfungsausschuss am 10.07.2022 schriftlich bekanntgegeben, dass sie die Abschlussprüfung mit der Gesamtnote 1 (95 %) bestanden hat. Die feierliche Zeugnisübergabe fand am 25.07.2022 statt.

22. Aufgabe

Ermitteln Sie, mit Ablauf welchen Tages (TT.MM.JJJJ) nach den gesetzlichen Vorschriften Paulas Probezeit spätestens endete.

---

23. Aufgabe

An welchem Tag (TT.MM.JJJJ), den gesetzlichen Vorschriften entsprechend, endete das Berufsausbildungsverhältnis von Paula.

---

24. Aufgabe

Die Bill & Eckhardt KG möchte für die Produktionsplanung der nächsten Jahre volkswirtschaftliche Indikatoren zur Entscheidungsfindung mit heranziehen.

Prüfen Sie, welche Kennzahl bzw. welcher Indikator am genauesten die Wirtschaftsleistung einer Volkswirtschaft beschreibt.

1. Steuerquote
2. Nominales Bruttoinlandsprodukt
3. Arbeitslosenquote
4. Reales Bruttoinlandsprodukt
5. Exportquote
6. Gewinnquote

25. Aufgabe

Die Bill & Eckhardt KG verkauft Laufschuhe an das Geschäft Eurosports De Luxe GmbH. Der Kaufvertrag wurde am 05.04.20XX von den Vertragspartnern unterzeichnet. Die Lieferung der Laufschuhe erfolgte am 09.04.20XX. Die Rechnung lag der Lieferung bei. Bezüglich der Zahlungsbedingung wurde auf der Rechnung „Der Rechnungsbetrag ist sofort fällig" vermerkt.
Nach einer Woche können Sie immer noch keinen Zahlungseingang feststellen.
Mit Ablauf welchen Tages (TT.MM.JJJJ) gerät das Geschäft Eurosports De Luxe GmbH den gesetzlichen Regelungen nach in Zahlungsverzug?

Aufgabe 26

Sie lernen im Berufsschulunterricht, dass in bestimmten Bereichen der Volkswirtschaft eine starke Konkurrenzsituation (viele Anbieter mit Substitutionsgütern) herrscht. Dadurch kann eine geringe Erhöhung der Preise für ein Produkt zu einem starken Rückgang der Gesamtnachfrage führen. Prüfen Sie, in welcher Abbildung dieser Sachverhalt zutreffend dargestellt wird.

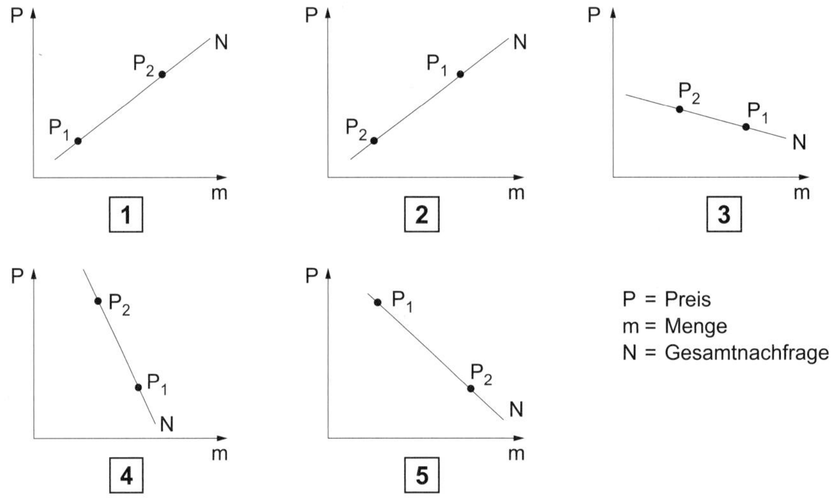

Situation zu den Aufgaben 27 und 28

Die Hausbank der Bill & Eckhardt KG handelt mit Aktien. Dazu gibt sie Kauf- und Verkaufsaufträge der Kunden an die Börse. An einem Geschäftstag liegen dem zuständigen Makler folgende Aufträge vor:

Kaufaufträge

Käufer 1	15 Aktien zu maximal 60,00 €/Aktie
Käufer 2	45 Aktien zu maximal 70,00 €/Aktie
Käufer 3	25 Aktien zu maximal 80,00 €/Aktie
Insgesamt	85 Aktien

Verkaufsaufträge

Verkäufer 1	45 Aktien zu mindestens 60,00 €/Aktie
Verkäufer 2	25 Aktien zu mindestens 70,00 €/Aktie
Verkäufer 3	10 Aktien zu mindestens 80,00 €/Aktie
Insgesamt	80 Aktien

Aufgabe 27

Bei welchem Kurs (Preis/Aktie) kommen Angebot und Nachfrage zum Ausgleich?

Aufgabe 28

Welcher Umsatz wird erzielt, wenn ein Kurs (Preis/Aktie) von 80,00 € erreicht wird?

Aufgabe 29

Wie hoch wäre der Umsatz im Gleichgewicht (vgl. Aufgabe 27)?

Lösungsbogen

Aufgabe Nr.			
Seite 81	1 ☐ ☐	2 ☐	3 ☐
Seite 82	4 ☐	5 ☐	6 ☐
Seite 83	7 ☐		
Seite 84	8 ☐	9 ☐☐	10 ☐
Seite 85	11 % ☐☐ , ☐	12 ☐	
Seite 86	13 ☐	14 ☐	15 ☐
Seite 87	16 ☐	17 ☐	
Seite 88	18 ☐	19 ☐	20 ☐
Seite 89	21 ☐	22 ☐☐.☐☐.☐☐☐☐	
	23 ☐☐.☐☐.☐☐☐☐	24 ☐	
Seite 90	25 ☐☐.☐☐.☐☐☐☐	26 ☐	
Seite 91	27 € ☐☐ , ct ☐☐	28 € ☐☐☐☐ , ct ☐☐	
	29 € ☐☐☐☐ , ct ☐☐		

100 Punkte
60 Minuten

Teil 3: Kaufmännische Steuerung von Geschäftsprozessen

Tragen Sie die Lösungen der Aufgaben in die Kästchen auf dem Lösungsbogen ein (siehe Seite 111). Die Anzahl der vorgegebenen Lösungskästchen entspricht dabei der Anzahl der richtigen Lösungsziffern. Bei Kontierungsaufgaben ist dies jedoch nicht der Fall! Hier ist die Anzahl der Kästchen auf beiden Seiten gleich. Sie müssen entscheiden, ob die Lösungsziffern auf der Soll- oder auf der Haben-Seite eingetragen werden. Die Reihenfolge der Lösungsziffern auf jeder Kontenseite ist beliebig. Bei Offen-Antwort-Aufgaben (z. B. Rechenaufgaben) tragen Sie das Ergebnis in die Kästchen auf dem Lösungsbogen ein!

1. Aufgabe

Kontieren Sie den abgebildeten Beleg.

1. Forderungen aus Lieferungen und Leistungen (101)
2. Umsatzsteuer (180)
3. Verbindlichkeiten aus Lieferungen und Leistungen (171)
4. Vorsteuer (140)
5. Verpackungsmaterial (461)
6. Warenbezugskosten (302)
7. Warenverkauf (801)
8. Wareneingang (301)

Soll			Haben		
☐	☐	☐	☐	☐	☐

Anlage zu Aufgabe 1

Inprufstr. 3 · 36041 Fulda
☎ 0661 666-0 · Fax 0661 666-48
GmbH & Co. KG
SKIMAKER

Eingegangen am
16.04.20XX
Bill & Eckhardt KG

Bill & Eckhardt KG
Sportartikel
Schlossallee 22
35390 Gießen

Rechnung 6785

Bestellung 5679456
09.04.20XX
FK/a

Lieferung LKW

Menge	Einheit	Art.-Nummer	Bezeichnung	Einzelpreis in €	Rabatt %	Gesamt €
40	Stück	873429837	Carver 2.0	320,20	30	8.965,60
6	Stück	248095848	Transportbehälter Bei Rückgabe bis 29.04.20XX erfolgt Gutschrift	12		72,00

Netto-Warenwert	Umsatzsteuer 19 %	Rechnungsbetrag
9.037,60 €	1.717,14 €	**10.754,74 €**

Zahlbar mit Skonto bis 29.04.20XX netto Kasse bis 15.05.20XX
Gesamtskontobetrag: 320,07 € (3 % aus 10.669,06 €)

Eigentumsvorbehalt: Die gelieferte Ware bleibt bis zur vollständigen Bezahlung unser Eigentum. Sie darf weder verpfändet noch zur Sicherung übereignet werden. Erfüllungsort für die beiderseitigen Rechte aus dem Vertragsverhältnis ist Fulda. Gerichtsstand ist Fulda.

Kommanditgesellschaft
Amtsgericht Fulda, HPA 43763

USt.-IdNr.: DE569453267

Persönlich haftende Gesellschafterin
Skimaker GmbH 6 Co. KG
Amtsgericht Fulda, HRB 92075

Geschäftsführer
Muss Florian

Sparkasse Fulda, Kto.-Nr.: 897 789 78, BLZ 530 555 60 IBAN: DE47530555600089778978 BIC: HEFEDE1FDS

2. Aufgabe

Kontieren Sie den abgebildeten Beleg.

1. Ausgangsfrachten (462)
2. Kreditinstitute (131)
3. Forderungen aus Lieferungen und Leistungen (101)
4. Verbindlichkeiten aus Lieferungen und Leistungen (171)
5. Warenverkauf (801)
6. Umsatzsteuer (180)
7. Vorsteuer (140)
8. Warenbezugskosten (302)

Soll	Haben
☐ ☐	☐ ☐

Anlage zu Aufgabe 2

Bill & Eckhardt

für Sie zuständig:
Abteilung: Verkauf
Tel.: 0641 14567-0
Fax: 0641 14567-82

Bill & Eckhardt KG • Schlossallee 22 • 35390 Gießen

Fahrrad
Gunner Maier e. K.
Neuerer Straße 50
80639 München

Kopie

Bitte bei Zahlung immer angeben:
Belegnummer: 50067878
Belegdatum: 22.06.20XX
Kundennummer: 56798
Versandart: Zustellung ab Lager
Lieferdatum: 14.06.20XX
ADM: Fliebig H.

Rechnung

Position	Artikelnummer, -bezeichnung	Menge	Einzelpreis in EUR	Gesamtpreis in EUR
1	78645653 Fahrradreifen „Mountain“	14	130,50	1.827,00
2	87687554 Fahrradreifen „Porelli 195/55R109W“	10	87,60	876,00
3	Lieferung in die Neuerer Straße 50 per Kurierdienst			90,00
		Zwischensumme:		2.793,00
		USt 19 %		530,67
		Rechnungsbetrag:		**3.323,67**

Zahlungsziel: 10 Tage abzüglich 2 % Skonto / 30 Tage netto

Bill & Eckhardt KG, Sitz Gießen
Handelsregister Amtsgericht Gießen HRA 20 307
Geschäftsführer: Mirko Eckhardt, Christian Bill

Bankverbindung
Stadtsparkasse Gießen
IBAN: DE99 7015 0000 0009 4126 59
BIC: BEGHMSA2NUL
USt-IdNr.: DE987654321

Es gelten unsere Allgemeinen Verkaufs-, Liefer- und Zahlungsbedingungen, die auszugsweise auf der Rückseite ausgedruckt bzw. an der Kasse ausgehängt sind.

3. Aufgabe

Kontieren Sie den abgebildeten Kontoauszug, der sich auf den Einkauf von Sportartikeln bezieht.

1. Forderungen aus Lieferungen und Leistungen (101)
2. Vorsteuer (140)
3. Umsatzsteuer (180)
4. Kundenskonti (808)
5. Lieferantenskonti (308)
6. Verbindlichkeiten aus Lieferungen und Leistungen (171)
7. Kreditinstitute (131)
8. Wareneingang (301)

Soll	Haben
☐ ☐ ☐	☐ ☐ ☐

Anlage zu Aufgabe 3

Kontoauszug vom 05. 03. 20XX

Stadtsparkasse Gießen
BIC: BEGHMSA2NUL
Ust-IdNr.: 968574341

IBAN	Auszug	Blatt	Währung	Soll Alter Kontostand	Haben
DE99 70150000 0009 4126 59	149	1	Angaben in EUR		5.567,78

Buchungstag TT	Buchungstag MM		Wert TT	Wert MM	Belastung Umsätze	Gutschrift
05	03	Überweisung an Sportartikel Mauer RE97667576 abzüglich Skonto	05	03	1.645,50	
			Neuer Kontostand			3.922,28
					Belegzustellung: ABH	

Ihr Limit für einen Dispokredit beträgt 25.000,00 €

Bill & Eckhardt KG

4. Aufgabe

Ein PKW für den Außendienst wurde für 48.000 € am 05.02.2022 angeschafft. Sein Wiederbeschaffungswert beträgt 54.000 €. Die Nutzungsdauer laut amtlicher AfA-Tabelle beträgt 6 Jahre, die geschätzte betriebliche Nutzungsdauer beträgt 10 Jahre.

a) Ermitteln Sie den kalkulatorischen Abschreibungsbetrag für das Jahr 2022.

b) Berechnen Sie den bilanziellen Abschreibungsbetrag für das Jahr 2022.

Situation zu den Aufgaben 5 und 6

Die Bill & Eckhardt KG hat im Jahr 2022 einen Bankkredit von 180.000 € zu 2 % Zinsen p. a. aufgenommen. Am 1. November 2022 belastet die Stadtsparkasse Gießen die Bill & Eckhardt KG mit den vierteljährlichen Zinsen für die Monate November 2022 bis Januar 2023.

5. Aufgabe

Kontieren Sie die Buchung für die zeitliche Abgrenzung zum 31.12.2022.

1. Sonstige Forderungen (113)
2. Sonstige Verbindlichkeiten (194)
3. Aktive Rechnungsabgrenzungsposten (091)
4. Passive Rechnungsabgrenzungsposten (093)
5. Kreditinstitute (131)
6. Zinsen und ähnliche Aufwendungen (210)
7. Zinsen und ähnliche Erträge (260)

Soll	Haben
☐	☐

6. Aufgabe

Ermitteln Sie, wie viel Euro am 31.12.2022 abzugrenzen sind.

7. Aufgabe

Kontieren Sie den abgebildeten Beleg!

1. Kundenboni (807)
2. Forderungen aus Lieferungen und Leistungen (101)
3. Kreditinstitute (131)
4. Umsatzsteuer (180)
5. Vorsteuer (140)
6. Verbindlichkeiten aus Lieferungen und Leistungen (171)
7. Wareneingang (301)
8. Lieferantenboni (307)

Soll	Haben
☐ ☐	☐ ☐

Anlage zu Aufgabe 7

Radsport Furer
Masterweg 4
90765 Fürth
☎ 0911 76567-0
Fax 0911 76567-9
E-Mail Furer@Radl.com

Eingegangen am
27.6.20XX
Bill & Eckhardt KG

Bill & Eckhardt KG
Sportartikel
Schlossallee 22
35390 Gießen

Gutschrift-Nr.: 5676976
Kundennummer: 5677969

Bearbeiter Bh | Telefon 0911 76567-2 | 0911 76567-9 | Datum 23.06.20XX

Bonusgutschrift

				Betrag
Wir freuen uns, dass Sie auch im 3. Quartal zu unseren Stammkunden gehören. Für das entgegengebrachte Vertrauen bedanken wir uns heute mit einer Bonusgutschrift von 3 % auf den getätigten Umsatz. 3 % von 300.000,00 EUR				
Gutschrift netto 9.000 EUR	19 % USt 1.710,00 EUR		Gutschrift brutto 10.710,00 EUR	
			Gutschriftbetrag	**10.710,00 EUR**

Bankverbindung:
Sparkasse Fürth | IBAN DE64 5675 0000 2200 6785 62 | BIC BYLUZTM15GU | Registergericht: Amtsgericht Fürth HRB 7593
USt.-IdNr.: DE 678 789 567

8. Aufgabe

Stellen Sie fest, welchen Einfluss die Buchung des abgebildeten Beleges (Anlage zu Aufgabe 7) auf die Ergebnisse des Jahresabschlusses der Bill & Eckhardt KG hat (**drei richtige Lösungen**).

1. Der Wareneinsatz wird dadurch erhöht.
2. Der Warenschlussbestand wird dadurch vermindert.
3. Der Warenrohgewinn wird dadurch erhöht.
4. Der Reingewinn wird dadurch vermindert.
5. Die Vorsteuer wird dadurch erhöht.
6. Die Zahllast wird dadurch erhöht.
7. Der Warenumsatz wird dadurch erhöht.
8. Das Konto „Kreditinstitute" bleibt unverändert, da die Gutschrift auf dem Konto „Verbindlichkeiten a. L. L." gebucht wird.

Situation zu den Aufgaben 9 und 10

Ihnen stehen folgende Daten der Warenwirtschaft für das 1. Quartal 20XX zur Verfügung:

Bremsbeläge				
Artikelnummer	Bezugspreis	Barverkaufspreis	Einkauf (Stück)	Verkauf (Stück)
BC1002	11,50 €	19,90 €	40	36

9. Aufgabe

Ermitteln Sie den Warenumsatz (netto) der Bremsbeläge in Euro.

10. Aufgabe

Ermitteln Sie den Wareneinsatz (netto) der Bremsbeläge in Euro.

11. Aufgabe

Die Bill & Eckhardt KG hat ein Kopiergerät zu den folgenden Konditionen geleast:
Monatliche Grundmiete 399,00 €
Monatliche Zusatzgebühr für Sorter 75,00 €
Monatliche Urheberrechtspauschale 2,65 €
Preis für Kopien
Je Monat 1. bis 10.000. Kopie in Grundmiete enthalten, ab der 10.001. Kopie je 3,5 Cent pro Kopie
Alle Angaben verstehen sich zuzüglich 19 % Umsatzsteuer.
Ermitteln Sie, wie viel Euro (brutto) dem Unternehmen für den Monat November 2022 in Rechnung gestellt werden, wenn der Zählerstand am Monatsanfang 16.575 und am Monatsende 27.857 betrug!

12. Aufgabe

Ihnen liegt folgende Abbildung vor:

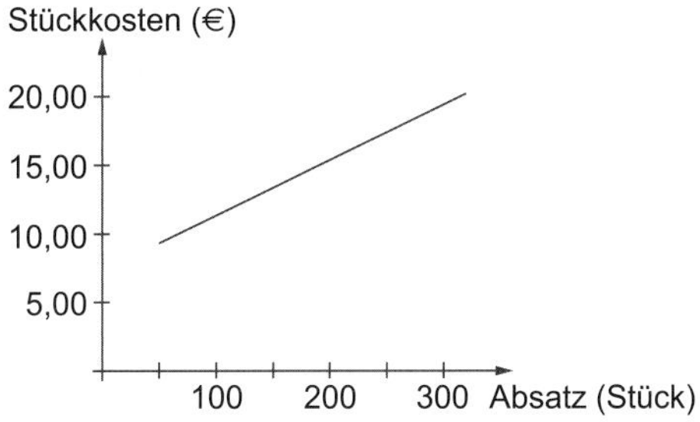

Stellen Sie fest, welcher Kostenbegriff auf die dargestellte Kostenfunktion zutrifft!

1. Fixe Stückkosten
2. Degressive Stückkosten
3. Fixe Gesamtkosten
4. Variable Gesamtkosten
5. Progressive Stückkosten

13. Aufgabe

Die Bill & Eckhardt KG hat am 30. März 2022 eine neue Computeranlage erworben.

Die Rechnung lautet über	4.691,00 €
+ Installationskosten	400,00 €
+ Umsatzsteuer	967,29 €
Gesamtsumme:	**6.058,29 €**

Ermitteln Sie den steuerlichen Abschreibungsbetrag für das Jahr 2022, wenn eine Nutzungsdauer von 3 Jahren vorgegeben ist.

14. Aufgabe

Die Umsatzrentabilität der Bill & Eckhardt KG ist im Vergleich zum letzten Geschäftsjahr gestiegen. Welche der folgenden Aussagen ist vor diesem Hintergrund richtig?

1. Eine Steigerung der Umsatzrentabilität setzt einen sinkenden Umsatz voraus.
2. Eine Steigerung der Umsatzrentabilität führt zu einer steigenden Eigenkapitalquote.
3. Eine Steigerung der Umsatzrentabilität ist nur möglich, wenn der Jahresgewinn gesteigert worden ist.
4. Eine mögliche Ursache ist, dass der Jahresgewinn sich prozentual stärker erhöht hat als der Umsatz.

15. Aufgabe

Die Bill & Eckhardt KG hat hohe Forderungen gegenüber ihren Kunden. Um vorzeitig über Geldmittel verfügen zu können, schließt die Bill & Eckhardt KG mit einer Bank einen Factoring-Vertrag ab. Stellen Sie fest, welcher Nachteil der Bill & Eckhardt KG dadurch entstehen kann.

1. Beim stillen Factoring könnte das Image der Bill & Eckhardt KG leiden.
2. Das Risiko des Forderungsausfalls für die Bill & Eckhardt KG steigt.
3. Die Bill & Eckhardt KG muss der Factoring-Bank Zinsen und Provision für die Dienstleistung zahlen.
4. Durch zusätzliche Mahnverfahren erhöhen sich für die Bill & Eckhardt KG die Personal- und Verwaltungskosten.
5. Die Zahlungsfähigkeit der Bill & Eckhardt KG sinkt.

16. Aufgabe

Am Ende des Geschäftsjahres hat sich ein negatives neutrales Ergebnis ergeben. Prüfen Sie, was eine mögliche Ursache für das negative neutrale Ergebnis sein könnte.

1. Die Kosten für Bürobedarf waren zu hoch.
2. Die Personalkosten sind stark gestiegen.
3. Die kalkulatorischen Abschreibungen sind sehr hoch gewesen.
4. Durch die Steuergesetzgebung wurden die Höchstsätze der Abschreibung vermindert, sodass die Bill & Eckhardt KG ihre Abschreibungsbeträge reduzieren musste.
5. Die Bill & Eckhardt KG hat eine Steuererstattung für das Geschäftsjahr 2022 erhalten.
6. Die Bill & Eckhardt KG hat einen vier Jahre alten LKW unter Buchwert verkauft.

Situation zu den Aufgaben 17 bis 20

Zum Jahresabschluss liegen Ihnen die abgebildeten Konten der Bill & Eckhardt KG vor (alle Beträge in Euro). Der Warenendbestand laut Inventur beträgt 490.000 €.

Vorsteuer (140)

Soll	Haben
390.000	

Umsatzsteuer (180)

Soll	Haben
390.000	485.000

Wareneingang (301)

Soll	Haben
14.500.000	

Warenbezugskosten (302)

Soll	Haben
277.000	

Warenbestände (390)

Soll	Haben
620.000	

Warenverkauf (801)

Soll	Haben
	25.500.000

17. Aufgabe

Stellen Sie fest, welcher Abschlussbuchungssatz *falsch* wiedergegeben ist.

1. Wareneingang (301) an Warenbestände (390) 130.000 €
2. Umsatzsteuer (180) an Vorsteuer (140) 390.000 €
3. Wareneingang (301) an Warenbezugskosten (302) 277.000 €
4. Warenbestände (390) an Schlussbilanzkonto (940) 490.000 €
5. Umsatzsteuer (180) an Schlussbilanzkonto (940) 95.000 €

18. Aufgabe

Ermitteln Sie den Wareneinsatz.

19. Aufgabe

Ermitteln Sie den Warenrohgewinn.

20. Aufgabe

Ermitteln Sie den Kalkulationsfaktor.

21. Aufgabe

Kontieren Sie den abgebildeten Beleg.

1. Warenbezugskosten (302)
2. Wareneingang (301)
3. Ausgangsfrachten (462)
4. Vorsteuer (140)
5. Umsatzsteuer (180)
6. Forderungen aus Lieferungen und Leistungen (101)
7. Verbindlichkeiten aus Lieferungen und Leistungen (171)
8. Fuhrpark (034)

Soll		Haben	
☐	☐	☐	☐

Anlage zu Aufgabe 21

Kurierdienst **METTGORN**
Schampfer Straße 64 · 35390 Gießen

Eingegangen am
15.11.20XX
Bill & Eckhardt KG

Bill & Eckhardt KG
Schlossallee 22
35390 Gießen

Rechnung Nr. 78965

Auftragsnummer 10 675

Ihr Zeichen:	Ihr Auftrag vom:	Unser Zeichen:	Datum:
BE	4. November 20XX	HM	12. November 20XX

Wir transportierten in Ihrem Auftrag an Ihren Kunden Sepp Vogel e. K.

Pos.	Datum	Ort der Abholung	Ort der Zustellung	Netto-betrag €	Umsatz-steuer 19 %	Brutto-betrag €
1	5.11.20XX	Gießen Schlossallee 22	Gießen Flohstraße 30	48,00	9,12	57,12
Gesamtes Transportentgelt						57,12

Zahlungsbedingungen: Zahlung innerhalb 14 Tagen netto, Kasse

Bankverbindung: Stadtsparkasse Gießen
IBAN: DE99 7015 0000 0009 7865 59 BIC: BEGHMSA2NUL

Ust-IdNr. DE859483726

Situation zu den Aufgaben 22 und 23

Die Bill & Eckhardt KG hat ihrem Kunden, der Gamma Bike Sports OHG mit Sitz in Marburg, am 17. Juli 20XX Waren im Wert von 18.400 € zuzüglich USt verkauft.
Die Rechnung vom 19. Juli 20XX geht dem Kunden am 20. Juli 20XX zu, zahlbar sofort ohne Abzug.
Am 1. Oktober 20XX ist bei der Bill & Eckhardt KG noch kein Zahlungseingang des offenen Postens zu verzeichnen. Die Bill & Eckhardt KG fordert daraufhin in einer außergerichtlichen Mahnung mit Fristsetzung zum 12. Oktober 20XX von der Gamma Bike Sports OHG die Zahlung des offenen Betrages einschließlich Verzugszinsen in Höhe der gesetzlichen Regelung.
Der Basiszinssatz beträgt: –0,25 %. Auf eine Berechnung weiterer Mahnkosten wird zunächst verzichtet.

Auszug aus dem BGB

§ 288 Verzugszinsen und sonstiger Verzugsschaden

(1) Eine Geldschuld ist während des Verzugs zu verzinsen. Der Verzugszinssatz beträgt für das Jahr fünf Prozentpunkte über dem Basiszinssatz.

(2) Bei Rechtsgeschäften, an denen ein Verbraucher nicht beteiligt ist, beträgt der Zinssatz für Entgeltforderungen neun Prozentpunkte über dem Basiszinssatz.

(3) Der Gläubiger kann aus einem anderen Rechtsgrund höhere Zinsen verlangen.

[...]

22. Aufgabe

Geben Sie an, ab welchem Tag (TT.MM.JJJJ) der Kunde im Verzug ist. *(Hinweis: 360/30)*

23. Aufgabe

Ermitteln Sie unter Zuhilfenahme des abgebildeten § 288 BGB die Höhe der Verzugszinsen! *(Hinweis: 360/30. Es ist mit 52 Zinstagen zu rechnen.)*

24. Aufgabe

Nachdem der Kunde Gamma Bike Sports OHG auf die außergerichtliche Mahnung nicht reagiert hat, leitet die Bill & Eckhardt KG das gerichtliche Mahnverfahren beim zuständigen Mahngericht ein. Der Kunde reagiert auch in der vorgeschriebenen Frist nicht auf die Zustellung des Mahnbescheides.

Prüfen Sie, von welcher Möglichkeit die Bill & Eckhardt KG *keinen* Gebrauch machen kann, weil die rechtliche Regelung dies nicht zulässt.

1. Berechnung von Verzugszinsen für die gesamte Verzugszeit
2. Beantragung eines Vollstreckungsbescheides beim Amtsgericht in Marburg
3. Liefersperre für den Kunden Gamma Bike Sports OHG bis zur Bezahlung aller seiner offenen Posten
4. Zwangsvollstreckung in das Vermögen der Gamma Bike Sports OHG nachdem der Vollstreckungsbescheid vollstreckbar ist
5. Beantragung eines Vollstreckungsbescheids beim Amtsgericht in Gießen

25. Aufgabe

Ordnen Sie zu, indem Sie die 8 Kennziffern vor den Bilanzpositionen entsprechend den Vorschriften des HGB in die Kästchen des Bilanzschemas eintragen. Übertragen Sie anschließend Ihre senkrecht angeordneten Lösungsziffern in dieser Reihenfolge von links nach rechts in den Lösungsbogen.

AKTIVA	BILANZ PASSIVA

Bilanzpositionen

1	Bauten auf eigenen Grundstücken (023)	380.000 €
2	Eigenkapital (060)	895.000 €
3	Warenbestände (390)	396.000 €
4	Forderungen aus Lieferungen und Leistungen (101)	100.000 €
5	Betriebs- und Geschäftsausstattung (033)	122.000 €
6	Verbindlichkeiten aus Lieferungen und Leistungen (171)	88.000 €
7	Kreditinstitute (131)	35.000 €
8	Verbindlichkeiten gegenüber Kreditinstituten (082)	50.000 €

26. Aufgabe

Ermitteln Sie auf Grundlage der in Aufgabe 25 angegebenen Bilanzwerte die Liquidität 1. Grades in Prozent.

27. Aufgabe

Für ein neues Projekt sollen Sie ein Mitarbeiterteam zusammenstellen. Wie fördern Sie eigenverantwortliches teamorientiertes Arbeiten in Ihrem Unternehmen?

1. Um Zeit zu sparen, erläutern Sie das Ziel des Projekts nur kurz.
2. Sie geben dem Team einen genauen Zeitplan vor.
3. Sie geben dem Team das Ziel präzise formuliert vor, lassen es dann aber selbst entscheiden, wie es dieses erreichen möchte.
4. Jedes Teammitglied erhält von Ihnen genaue Arbeitsanweisungen.

Lösungsbogen

Aufgabe Nr.	Felder
Seite 95	1 Soll / Haben
Seite 97	2 Soll / Haben
Seite 98	3 Soll / Haben
Seite 99	4a € , ct · 4b € , ct · 5 Soll / Haben
Seite 100	6 € , ct · 7 Soll / Haben
Seite 101	8
Seite 102	9 € , ct · 10 € , ct
Seite 103	11 € , ct · 12
Seite 104	13 € , ct · 14 · 15
Seite 105	16
Seite 106	17 · 18 € , ct · 19 € , ct · 20 ,
Seite 107	21 Soll / Haben
Seite 108	22 • • · 23 € , ct
Seite 109	24 · 25
Seite 110	26 % , · 27

Lösungen

Teil 1: Prozessorientierte Organisation von Großhandelsgeschäften

____ von 6

1.1 Streckengeschäft
Die Ware geht in diesem Fall direkt vom Hersteller zum Kunden der Bill & Eckhardt KG und berührt überhaupt nicht deren Lager.

Kauf auf Abruf
Die Bill & Eckhardt KG bestellt eine Gesamtmenge an Artikeln, lässt aber immer nur einzelne Teilmengen liefern.

Verändertes Lagersystem, z. B. chaotisches Lager statt Festplatzsystem
Beim chaotischen Lager werden Produkte dort eingelagert, wo gerade Platz ist, sodass die Lagerkapazitäten besser genutzt werden als beim Festplatzsystem.

Weitere mögliche Lösungen:
- Vereinbarung verkürzter Lieferzeiten
- Erweiterung des Lagers
- Fremdlagerung

____ von 8

1.2 *Hinweis: Es werden für jede Spalte 2 Punkte vergeben.*

Artikel-Nr.	Jahres-bedarf	Bezugs-preis	Wareneinsatz	Warenein-satz Anteil in %	Rang-folge	ABC-Be-wertung
18.234	2000	19,00 €	38.000,00 €	1,8	9	C
18.235	3000	59,00 €	177.000,00 €	8,5	5	B
18.236	2500	39,00 €	97.500,00 €	4,7	6	B
18.237	4000	69,00 €	276.000,00 €	13,3	4	B
18.238	6000	9,00 €	54.000,00 €	2,6	8	C
18.239	3000	12,00 €	36.000,00 €	1,7	10	C
18.240	5000	69,00 €	345.000,00 €	16,6	3	A
18.241	4000	119,00 €	476.000,00 €	22,9	2	A
18.242	2000	35,00 €	70.000,00 €	3,4	7	C
18.243	3000	169,00 €	507.000,00 €	24,4	1	A

A-Güter: 64,0 %
B-Güter: 26,5 %
C-Güter: 9,5 %

____ von 2

1.3.1 Diese Kennzahl gibt an, wie oft der durchschnittliche Lagerbestand in einer bestimmten Periode umgesetzt wird.

___ von 6 **1.3.2** a) *Hinweis: Die Formel für den DLB muss hier modifiziert werden, da der Betrachtungszeitraum nicht ein Jahr, sondern nur eine Periode ist. D. h., es werden nicht 12 Monate berücksichtigt, sondern nur 3.*

$$DLB = \frac{Anfangsbestand + 3\ Monatsendbestände}{4}$$

Die Monatsendbestände müssen aus der Bestandsliste errechnet werden!
Z. B. für Oktober: 600 + 700 – 200 = 1.100

$$\text{DLB} = \frac{600 + 1.100 + 800 + 1.000}{4} = \mathbf{875}$$

b) *Hinweis: Quartalsabsatz = 200 + 400 + 300 + 500 + 200 + 400 = 2.000*

$$\text{Umschlagshäufigkeit} = \frac{\text{Quartalsabsatz}}{\text{DLB}} = \frac{2.000}{875} = \mathbf{2,29}$$

c) *Hinweis: Die Formel für die DLD muss hier modifiziert werden, da der Betrachtungszeitraum nicht 360 Tage, sondern nur 90 Tage ist.*

$$\text{DLD} = \frac{90}{\text{UH}} = \frac{90}{2,29} = \mathbf{39,3}$$

___ von 4 **1.3.3** *Hinweis: Da wir nur ein Quartal betrachten, muss der Jahreszinssatz auf den Zinssatz pro Quartal angepasst werden. Also* $\frac{4\,\%}{4} = 1\,\%$.

$$\text{Lagerzinssatz} = \frac{\text{Quartalszinssatz}}{\text{UH}} = \frac{1\,\%}{2,29} = 0,44\,\%$$

Hinweis: Den DLB benötigen wir für die Berechnung der Lagerzinsen jetzt nicht als Mengenkennziffer, sondern als Wertkennziffer.

$$\text{DLB} = \frac{\text{Wareneinsatz}}{\text{UH}} = \frac{30.000,00\ €}{2,29} = 13.100,44\ €$$

$$\begin{aligned}\text{Lagerzinsen} &= \text{DLB (als Wertkennziffer)} \cdot \text{Lagerzinssatz}\\ &= 13.100,44\ € \cdot 0,44\,\% = \mathbf{57,64\ €}\end{aligned}$$

___ von 1 **1.3.4** Hätte die Bill & Eckhardt KG das in Ware gebundene Kapital für ein Quartal bei einer Bank angelegt, hätte sie 57,64 € an Zinsen erhalten.

___ von 2 **2.1** *Hinweis: Zum Erreichen der vollen Punktzahl genügen zwei Nennungen.*

- Fachzeitschriften
- Informationen von Herstellern
- Informationen von Fachhändlern

___ von 2 **2.2** *Hinweis: Zum Erreichen der vollen Punktzahl genügen zwei Nennungen.*

- Fachmessen
- Kataloge
- Internet

___ von 10

2.3 *Hinweis:*
Zu bewertende Inhalte:
- *Adressatenfeld*
- *Datum*
- *Betreff*
- *Anrede*
- *Schlüssige Formulierung der relevanten Inhalte*
- *Grußformel und Unterschrift*
- *Formale Richtigkeit*

Bill & Eckhardt

Bill & Eckhardt KG · Schlossallee 22 · 35390 Gießen

Bike Eberl GmbH
Mauerstraße 5

35390 Gießen

Tel.:0641 14567-0
Fax:0641 14567-82

Ihr Zeichen, Ihre Nachricht	Unser Zeichen, unsere Nachricht	Telefon-Durchwahl	Datum
	XX	23	04.11.20XX

Anfrage „Rubin Mountain GX“

Sehr geehrte Damen und Herren,

durch Ihren Messeauftritt auf der „Future Sports“ sind wir auf Sie aufmerksam geworden. Wir betreiben seit Jahren erfolgreich einen Großhandelsbetrieb im Sportartikelmarkt. Da wir unser Sortiment im Bereich Fahrräder und Fahrradzubehör erweitern möchten, sind wir am Vertrieb ihrer E-Mountainbikes interessiert.

Wir erwarten einen Jahresabsatz von 800 Stück und bitten daher um ein detailliertes Angebot inklusive Zahlungs- und Lieferkonditionen über insgesamt 800 Räder des Typs „Rubin Mountain GX“:

200 Stück mit Rahmenhöhe 45 cm
250 Stück mit Rahmenhöhe 50 cm
350 Stück mit Rahmenhöhe 55 cm

Uns wäre besonders daran gelegen, Kauf auf Abruf oder ein Streckengeschäft mit Ihnen vereinbaren zu können.

Wir würden uns freuen, bald von Ihnen zu hören.

Mit freundlichen Grüßen

[Ihr Vorname, Ihr Nachname]

Bill & Eckhardt KG, Sitz Gießen Handelsregister Amtsgericht Gießen HRA 20 307 Geschäftsführer: Mirko Eckhardt, Christian Bill	Bankverbindung Stadtsparkasse Gießen IBAN: DE99 7015 0000 0009 4126 59 BIC: BEGHMSA2NUL USt-IdNr.: DE987654321

___ von 8 **2.4**

	Angebot A (€ pro Stück)	Angebot B (€ pro Stück)
Listeneinkaufspreis	1390,00	1190,00
– Liefererrabatt	278,00	83,30
= Zieleinkaufspreis	1112,00	1106,70
– Liefererskonto	33,36	22,13
= Bareinkaufspreis	1078,64	1084,57
+ Bezugskosten	0,50	0
Bezugspreis	**1079,14**	**1084,57**

___ von 6 **2.5** *Hinweis:* $Kalkulationszuschlag = \frac{Listenverkaufspreis - Bezugspreis}{Bezugspreis} \cdot 100$

$$Kalkulationsfaktor = \frac{Listenverkaufspreis}{Bezugspreis}$$

$$Handelsspanne = \frac{Listenverkaufspreis - Bezugspreis}{Listenverkaufspreis} \cdot 100$$

Alternativ: Kalkulationszuschlag : Kalkulationsfaktor

$$\textbf{Kalkulationszuschlag} = \frac{1.500,00\,€ - 1.079,14\,€}{1.079,14\,€} \cdot 100 = 39,00\,\%$$

$$\textbf{Kalkulationsfaktor} = \frac{1.500,00\,€}{1.079,14\,€} = 1,3899$$

$$\textbf{Handelsspanne} = \frac{1.500,00\,€ - 1.079,14\,€}{1.500,00\,€} \cdot 100 = 28,06\,\%$$

___ von 3 **2.6** *Hinweis: Zum Erreichen der vollen Punktzahl genügen drei Gründe.*

- Kürzere Lieferzeiten
- Termintreue
- Gutes Image
- Kulanz bei Reklamationen

___ von 3 **3.1**

- Die Kosten z. B. für Stand und Personal können in Bezug zu anderen Zahlen wie z. B. den geführten Gesprächen mit Interessenten gesetzt werden.
- Es kann versucht werden, den Umsatz zu ermitteln bzw. zu schätzen, der sich durch die Messe ergeben hat (z. B. Bestellungen im Monat danach).
- Zusätzlich kann durch einen gelungenen Messeauftritt, das Image verbessert werden, was mittelbar zu einem ökonomischen Erfolg führen kann. Um das Image zu messen, können beispielsweise Befragungen durchgeführt werden.

___ von 2 **3.2** Während Absatzwerbung primär das Ziel hat, Produkte und Leistungen zu verkaufen, hat PR im Wesentlichen die Aufgabe, das Image des Unternehmens in der Öffentlichkeit positiv zu gestalten.

___ von 6

3.3

Punkte des Werbeplans	**Zentrale Fragestellung**	**Konkretisierung/Anwendung**
Werbeobjekt	Für welche Produkte soll geworben werden?	E-Mountainbikes
Werbeziele	Was soll erreicht werden?	20 % mehr Kunden binnen des nächsten Quartals
Werbeetat	Wie viel Geld steht zur Verfügung?	100.000 €
Streukreis	Wer soll angesprochen werden?	Fahrradfachgeschäfte
Streugebiet	Wo soll geworben werden?	ganz Deutschland
Streuzeit	Wann soll geworben werden?	z. B. im Zeitraum vor und nach den Fachmessen
Werbemittel	Womit soll geworben werden?	z. B. Fachzeitschriften

___ von 7

4.1 *Hinweis: Die Rechnung beginnt unten im Kalkulationsschema, d. h. beim gegebenen Listenverkaufspreis.*
Kundenrabatt, Kundenskonto, Gewinnzuschlag, Handlungskosten und Bezugskosten werden subtrahiert. Dann erhält man den Bareinkaufspreis. Auf diesen werden Liefererskonto und Liefererrabatt addiert, um den Listeneinkaufspreis zu erhalten. –

Listeneinkaufspreis	**74,93**	
– Liefererrabatt 5 %	3,75	
Zieleinkaufspreis	**71,18**	Achtung! Der Zieleinkaufspreis ist ein verminderter Grundwert, d. h., er entspricht nur 95 % (100 % – 5 %) des Listeneinkaufspreises.
– Liefererskonto 3 %	2,14	
Bareinkaufspreis	**69,04**	Achtung! Der Bareinkaufspreis ist ein verminderter Grundwert, d. h., er entspricht nur 97 % (100 % – 3 %) des Zieleinkaufspreises.
+ Bezugskosten	3,00	
Bezugspreis	**72,04**	
+ Handlungskosten 36 %	25,94	
Selbstkosten	**97,98**	Achtung! Die Selbstkosten sind ein vermehrter Grundwert, d. h., sie entsprechen 136 % (100 % + 36 %) des Bezugspreises.
+ Gewinnzuschlag 20 %	19,59*	*als Differenz berechnet (mögliche Rundungsabweichungen sind zu vernachlässigen)
Barverkaufspreis	**117,57**	Achtung! Der Barverkaufspreis ist ein vermehrter Grundwert, d. h., er entspricht 120 % (100 % + 20 %) der Selbstkosten.
+ Kundenskonto 2 %	2,40	
Zielverkaufspreis	**119,97**	
+ Kundenrabatt 7 %	9,03	
Listenverkaufspreis	129,00	

___ von 1

4.2 Die zeitliche Preisdifferenzierung ermöglicht es der Bill & Eckhardt KG, sich der saisonal unterschiedlich starken Nachfrage anzupassen und ihren Gewinn zu maximieren.

___ von 2 **4.3** *Hinweis: Zum Erreichen der vollen Punktzahl genügen zwei Möglichkeiten.*

Neben der zeitlichen gibt es noch die mengenmäßige, räumliche und personelle Preisdifferenzierung.

___ von 2 **4.4** **Primär:**

- Exakt auf die Fragestellung zugeschnitten
- Aktuelle Daten

Sekundär:

- Kostengünstig
- Schneller, da Daten bereits vorliegen

___ von 3 **5.1** Cost, insurance, freight = Kosten, Versicherung, Fracht

Die Rimano Ltd. trägt Transportkosten bis zum Hafen Hamburg und übernimmt die Versicherungskosten für die Seefracht.
Die Bill & Eckhardt KG trägt die Transportkosten ab Hafen Hamburg und übernimmt die Kosten für die Einfuhr-Zollformalitäten.

___ von 3,5 **5.2** *Hinweis: Von der Bill & Eckhardt KG sind nur die Entladung im Hafen Hamburg und die Hausfracht nach Gießen zu tragen.*

$$\frac{70\,\$}{1{,}15} = 60{,}87\ €$$

$$\frac{200\,\$}{1{,}15} = 173{,}91\ €$$

Bezugspreis = 200 · 149,90 € + 60,87 € + 173,91 € = **30.214,78 €**

___ von 6,5 **5.3** *Hinweis: Die Reihenfolge von 5 und 6 kann auch vertauscht werden.*

Kontobelastung und Dokumentenübergabe an Bill & Eckhardt KG	10
Avisierung des Akkreditivs	3
Warenübergabe an Frachtführer	4
Weiterleitung der Dokumente durch Rimano und Prüfung durch avisierende Bank	7
Übergabe der Versanddokumente	6
Zahlung nach Prüfung der Dokumente	8
Mitteilung über Akkreditiveröffnung	2
Dokumentenübergabe an eröffnende Bank	9
Akkreditiveröffnungsauftrag	1
Warenversand zum Bestimmungshafen	5
Warenaushändigung an Bill & Eckhardt KG	13
Präsentation der Dokumente im Bestimmungshafen	12
Verrechnung	11

___ von 3

5.4 *Hinweis: Ein Konnossement (engl.: bill of lading) ist ein Frachtpapier, das vom Reeder ausgestellt und dem Exporteur übergeben wird. Dieser händigt es seiner Bank aus, welche es weitergibt an die Bank des Importeurs, von wo aus es schließlich zum Importeur gelangt.*

a) **Beweispapier**
Der Frachtführer bestätigt, dass er die Ware übernommen hat.

b) **Legitimationspapier**
Der Inhaber des Konnossements ist berechtigt, die Ware vom Frachtführer nach dem Seetransport zu erhalten.

c) **Dispositionspapier**
Durch das Konnossement kann das Eigentum an der Ware übertragen werden. Außerdem kann der Frachtführer die Ware auf Anweisung des Absenders anhalten oder zurückgeben. Daraus ergibt sich auch die Sperrwirkung des Konnossements, da der Absender die Aushändigung der Ware an den Empfänger unterbinden kann.

___ von 3

5.5 Z. B.

- Transportrisiko
- Wechselkursrisiko
- Politisches Risiko

So viele Punkte habe ich erreicht: ________

So lange habe ich gebraucht: ________

Teil 2: Wirtschafts- und Sozialkunde

Details zu den Lösungen finden Sie auf den folgenden Seiten.
Pro Aufgabe werden 3,44828 (Gesamtpunktzahl: 100) Punkte vergeben.

Aufgabe Nr.	Lösungen
Seite 81	**1** 1 4 · **2** 4 · **3** 2
Seite 82	**4** 5 · **5** 2 · **6** 3
Seite 83	**7** 2
Seite 84	**8** 5 · **9** 1 1 · **10** 4
Seite 85	**11** % 12,5 · **12** 3
Seite 86	**13** 3 · **14** 5 · **15** 3
Seite 87	**16** 3 · **17** 2
Seite 88	**18** 4 · **19** 2 · **20** 1
Seite 89	**21** 4 · **22** 30.11.2019 · **23** 10.07.2022 · **24** 4
Seite 90	**25** 09.05.20XX · **26** 3
Seite 91	**27** € 70,00 ct · **28** € 2000,00 ct · **29** € 4900,00 ct

So viele Punkte habe ich erreicht: ________ So lange habe ich gebraucht: ________

Ausführliche Lösungen

___ P. **1. Aufgabe**

*Hinweis: **Qualitatives Wirtschaftswachstum** beinhaltet auch die Verbesserung der Lebensqualität der Menschen, gerechtere Einkommensverteilung oder die Schonung der Umwelt durch neue Produkte.*
***Quantitatives Wirtschaftswachstum** betrachtet lediglich die mengenmäßige Zunahme der gesamtwirtschaftlichen Produktion gemessen an Kenngrößen wie zum Beispiel dem BIP. In der vierten Aussage handelt es sich um eine real wachsende Wirtschaft, da das Wachstum nicht durch steigende Preise (Inflation) herbeigeführt wird.*

1 Qualitatives Wirtschaftswachstum kann erreicht werden, wenn es zu einer besseren Verteilung der Einkommen innerhalb der Volkswirtschaft kommt.

4 Quantitatives Wirtschaftswachstum liegt dann vor, wenn die reale Zunahme des Bruttoinlandsprodukts größer als die Lohnsteigerung des durchschnittlichen Arbeitnehmers in einer Volkswirtschaft ist.

___ P. **2. Aufgabe**

Hinweis: Im Rahmen ihrer Artvollmacht als Personalreferentin gehören die beschriebenen Tätigkeiten/Handlungen Nr. 1–3 und 5 zu ihrem üblichen Arbeitsbereich. Diese Tätigkeiten sind somit über die Artvollmacht abgedeckt. Die Prokura kann nur von dem Inhaber des Handelsgeschäftes mittels ausdrücklicher Erklärung erfolgen (§ 48 HGB).

4 Sie erteilt einem Mitarbeiter Prokura.

___ P. **3. Aufgabe**

Hinweis: Werbungskosten sind Ausgaben für Aufwendungen zur Erwerbung, Sicherung und Erhaltung der Einnahmen (§ 9 I EStG). Demnach sind die Positionen 3–5 klar den Werbungskosten zuzuordnen. Auch die Position 1 (Gewerkschaftsbeiträge) ist als Werbungskosten anzusehen. Sozialversicherungsbeiträge hingegen fallen unter Sonderausgaben.

2 Beiträge zur Sozialversicherung

___ P. **4. Aufgabe**

Hinweis: Der Lohnsteuerfreibetrag wird auf der Lohnsteuerkarte eingetragen/vermerkt und übermittelt. Durch diesen Freibetrag wird die monatliche Bemessungsgrundlage für die Lohnsteuer (steuerpflichtiges Bruttoentgelt) gesenkt. Die Senkung wirkt sich nicht in vollem Umfang auf das Nettoentgelt aus, da die verminderte Steuerlast nicht 1 zu 1 weitergegeben wird (dies entspräche einem Lohnsteuersatz von 100 %).

5 Das monatliche steuerpflichtige Bruttoentgelt Ihres Kollegen wird bei der Lohnsteuerberechnung um 150,00 € gemindert.

___ P.

5. Aufgabe

Hinweis: Durch die anderen Maßnahmen wird genau das Gegenteil erreicht.

2 Der Bund übernimmt die Kosten für den Einbau von Feinstaubfiltern für ältere Dieselfahrzeuge.

___ P.

6. Aufgabe

Hinweis: Die Aussagen 2 und 5 kennzeichnen die Phase des Abschwungs bzw. der Depression. Die Aussagen 1 und 4 hingegen kennzeichnen die Phase des Booms (Hochkonjunktur).

3 Die Löhne steigen moderat.

___ P.

7. Aufgabe

Hinweis: Die Richtigkeit der zweiten Aussage ergibt sich direkt aus dem §305c (1). Ebenso können die anderen Aussagen als falsch identifiziert werden. Aussage 1 ist demnach falsch, da der Kunde nach §305 (2) direkt bei Vertragsabschluss auf die AGB hingewiesen werden muss. Dies kann nicht nachgeholt werden. Die Fehlerhaftigkeit der Aussage 3 ergibt sich ebenfalls aus §305 (2). Laut Aussage 4 sei der gesamte Vertrag nichtig, wenn eine AGB Klausel unwirksam ist. Die Nichtigkeit bezieht sich allerdings nur auf den Teil, der von der unwirksamen Klausel betroffen ist. Der übrige Vertrag bleibt wirksam (vgl. §306 (1)). Aussage 5 ist ebenfalls falsch, da laut §305b individuelle Vertragsabreden (egal ob mündlich oder schriftlich) immer Vorrang vor den AGB haben.

2 Durch ungewöhnliche Umstände kann es sein, dass einzelne Bestimmungen in den AGB für Herrn Schubert so überraschend sind, dass er nicht mit ihnen zu rechnen braucht. Somit wird die betroffene Klausel nicht Vertragsbestandteil.

___ P.

8. Aufgabe

Hinweis: Ein Angebotsmonopol würde bedeuten, dass die Bill & Eckhardt KG der einzige Anbieter dieses Produktes wäre, ein Angebotspolypol hingegen steht für viele Anbieter. Bei einem Oligopol treten wenige Marktteilnehmer auf (z. B. Automobilhersteller – wenige Marken, viele Kunden).

5 Die Bill & Eckhardt KG hat viele Kunden, aber wenige Mitbewerber.

___ P.

9. Aufgabe

Hinweis: Besonderer Kündigungsschutz gilt für bestimmte Arbeitnehmergruppen, die besonders schutzbedürftig sind. Dazu gehören zum Beispiel Schwangere, schwerbehinderte Menschen, Auszubildende nach Ablauf der Probezeit etc. Personen aus diesen Gruppen kann nur unter erschwerten Bedingungen oder überhaupt nicht gekündigt werden.

11

___ P.

10. Aufgabe

Hinweis: Die Aussagen 1–3 führen zu einer Steigerung des BIP, die Aussage 5 hingegen hat keinen Einfluss auf das BIP, da die Leistungen in der Hausarbeit nicht erfasst werden, da sie unentgeltlich erfolgen.

4 Durch die Konkurrenz aus Asien werden in Deutschland wesentlich weniger Solaranlagen hergestellt als im Vorjahr.

___ P.

11. Aufgabe

Hinweis: Bei einem Preis von 900 € kann die Bill & Eckhardt KG 23.500 Stück absetzen.

$$\text{Erwarteter Marktanteil} = \frac{23.500,00}{188.000,00} \cdot 100 = \mathbf{12,5\ \%}$$

___ P.

12. Aufgabe

Hinweis:
Zu 1: Falsch, da die Dienstleistungen 2022 mehr als doppelt so viel zur Bruttowertschöpfung beitrugen. Auch im Jahr 1991 war der Dienstleistungssektor bereits stärker als der des produzierenden Gewerbes.
Zu 2: Falsch, da sich die gesamte Bruttowertschöpfung im betrachteten Zeitraum nicht ganz verdreifacht hat.
Zu 4: Falsch, da diese Daten aus dem Jahr 1991 stammen und sich auf das produzierende Gewerbe ohne Baugewerbe beziehen.
Zu 5: Falsch, da bereits 1991 mehr als 61 % der Bruttowertschöpfung im Dienstleistungssektor erbracht wurden.

3 Die Bruttowertschöpfung im Bereich Land- und Forstwirtschaft hat sich im betrachteten Zeitraum erhöht. Der prozentuale Anteil an der gesamten Bruttowertschöpfung ist hingegen gleichgeblieben.

___ P.

13. Aufgabe

Hinweis: Die Bindungsfrist von Angeboten hängt von der Form ab, allerdings gibt es für die Abgabe von Angeboten keine Formvorschrift (daher ist die Aussage 4 falsch). Grundsätzlich ist der Anbieter so lange an das Angebot gebunden, wie er unter regelmäßigen Umständen eine Antwort erwarten kann: per Brief (ca. 1 Woche), per Fax (ca. 3 Tage) oder per E-Mail (unverzüglich, d. h. ohne schuldhaftes Zögern). Die Bindung an ein Angebot kann auch durch sog. Freizeichnungsklauseln eingeschränkt werden (hier ausdrücklich nicht geschehen).

3 Das Angebot ist bis zum Ende des Telefongesprächs bindend.

___ P. **14. Aufgabe**

Hinweis: Der Beitragssatz zur Pflegeversicherung für Kinderlose ab dem vollendeten 23. Lebensjahr erhöht sich um 0,25 % (seit 01.01.2005).

5 Pflegeversicherung

___ P. **15. Aufgabe**

Hinweis: Bei einem zweiseitigen Rechtsgeschäft müssen beide Vertragsparteien übereinstimmende Willenserklärungen abgeben/einverstanden sein. Dies ist bei den Aussagen 1 (Kaufvertrag), 2 (Darlehensvertrag), 4 (Pachtvertrag) und 5 (Schenkungsvertrag, auch hier muss der Beschenkte das Geschenk annehmen) der Fall. In der 3. Aussage handelt es sich um ein einseitiges, aber empfangsbedürftiges Rechtsgeschäft (Kündigung).

3 Er kündigt einem Mitarbeiter wegen Beleidigung und Sachbeschädigung fristlos.

___ P. **16. Aufgabe**

Hinweis: Alle anderen Maßnahmen stehen dem Umweltschutz entgegen oder dienen ihm nicht bzw. führen zu keiner Reduzierung von Müll (Aussage 1).

3 Die Bill & Eckhardt KG kauft nur Fahrradreifen, die aus recycelten Autoreifen hergestellt wurden.

___ P. **17. Aufgabe**

Hinweis: Nadine ist als natürliche Person beschränkt geschäftsfähig, da sie erst 17 Jahre alt ist. Allerdings darf sie alle Rechtsgeschäfte, die im Rahmen ihrer Tätigkeit zur Ausübung ihres Berufes (zu dem die Eltern bereits zugestimmt haben) gehören, eingehen und abschließen (siehe § 113 BGB Abs. 1).

2 Nadines Eltern sind nicht im Recht, da Nadine zwar beschränkt geschäftsfähig ist, aber im Rahmen ihrer Berufsausübung quasi unbeschränkt geschäftsfähig ist.

___ P. **18. Aufgabe**

Hinweis:
Zu 1: Dies widerspricht gesetzlichen Bestimmungen, da Auszubildende ihren Urlaub grundsätzlich in Zeiten nehmen sollen, in denen Schulferien sind.
Zu 2: Dies ist falsch, da eine fristlose Kündigung von Auszubildenden nur innerhalb der Probezeit vorgenommen werden kann.
Zu 3: Dies ist eine gesetzliche Bestimmung und keine betriebliche Vereinbarung.
Zu 5: Dies ist eine gesetzliche Bestimmung und keine betriebliche Vereinbarung.

4 Alle Auszubildenden werden einmal pro Lehrjahr zu einem Weiterbildungsseminar eingeladen, um Branchenkenntnisse zu vertiefen.

___ P. **19. Aufgabe**

Hinweis: Der Warnstreik ist eine Form der üblichen Arbeitsniederlegung als kurzer Streik in einem Betrieb mit sachlichem und zeitlichem Zusammenhang zu laufenden Tarifverhandlungen.

2 Warnstreiks dürfen nur zeitlich begrenzt durchgeführt werden.

___ P. **20. Aufgabe**

Hinweis: Die Aussagen 2–4 werden in speziellen Lohn- und Gehaltstarifverträgen geregelt. Der Schichtbeginn in einem Betrieb wird mittels Betriebsvereinbarung intern geregelt. Der Manteltarifvertrag regelt allgemeine Arbeitsbedingungen.

1 Die Anzahl der Urlaubstage

___ P. **21. Aufgabe**

Hinweis: Eine Freistellung erfolgt nur, wenn der Betrieb ausreichend groß ist (ab einer Belegschaft von 200 Personen z. B. für einen Betriebsrat). Da es sich um ein Ehrenamt handelt, gibt es weder zusätzlichen Urlaub oder mehr Gehalt noch eine bessere Ruhestandsregelung. Lediglich der besondere Kündigungsschutz dient dazu, dass sich die gewählten Betriebsratsmitglieder aus gesicherter Position heraus mit den Arbeitgebern auseinandersetzen können.

4 Er würde ab dem Tag seiner Wahl besonderen Kündigungsschutz genießen.

___ P. **22. Aufgabe**

Hinweis: Die Probezeit bei Ausbildungsverträgen muss mindestens einen Monat und darf höchstens vier Monate betragen (§ 20 Berufsbildungsgesetz).

30.11.2019

___ P. **23. Aufgabe**

Hinweis: Nach dem Berufsbildungsgesetz endet das Berufsausbildungsverhältnis mit dem Ablauf der im Ausbildungsvertrag vereinbarten Ausbildungszeit oder mit der Bekanntgabe des Ergebnisses der Prüfung, sollte letzteres vor Ende der vereinbarten Ausbildungszeit sein. Dies passiert in der Regel am letzten Prüfungstag (§ 21 Berufsbildungsgesetz).

10.07.2022

___ P. **24. Aufgabe**

Hinweis: Beim realen BIP wird die Inflation herausgerechnet und das tatsächliche Wachstum/die tatsächliche Größe einer Volkswirtschaft beschrieben. Beim nominalen BIP hingegen kann ein Wachstum durch eine hohe Inflation verzerrt dargestellt werden.

4 Reales Bruttoinlandsprodukt

___ P.

25. Aufgabe

Hinweis: Grundsätzlich wird der Schuldner durch eine Mahnung in Verzug gesetzt. Diese ist aber hier entbehrlich, da der Schuldner gesetzlich spätestens 30 Tage nach Fälligkeit und Zugang der Rechnung in Verzug gerät (§ 286 Abs. 3 Satz 1 BGB).

09.05.20XX

___ P.

26. Aufgabe

Hinweis: Der Preis P_2 ist nur geringfügig höher als der Preis P_1, dennoch führt dieser kleine Preisanstieg zu einem starken Rückgang der Mengen. Die Menge m_1 ist viel höher als die Menge m_2. Die Abbildungen 1 und 2 beschreiben den Effekt: „Je höher der Preis, desto höher die Menge.“

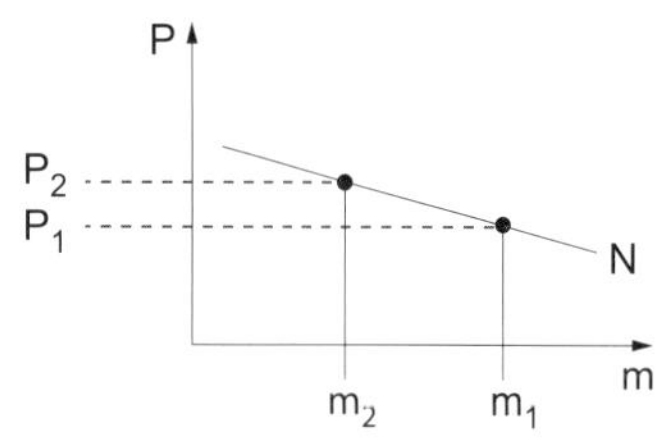

3

___ P.

27. Aufgabe

Hinweis: Nur bei diesem Kurs wird der Markt „geräumt“, es kommen Verkäufer 1 und 2 zum Zuge sowie Käufer 2 und 3. Bei einem Kurs von 70,00 € findet der maximale Umsatz statt. Bei 60,00 € würde nur Verkäufer 1 verkaufen. Es würden also nur 45 Aktien zu 60,00 € angeboten, der Umsatz läge bei 2.700,00 €. Bei einem Kurs von 80,00 € hingegen würden zwar alle Verkäufer verkaufen (80 Aktien), aber nur Käufer 3 wäre bereit, die Aktie für 80,00 € zu kaufen. Demnach würden nur 25 Aktien zu 80,00 € gehandelt (Umsatz = 2.000,00 €). Bei einem Kurs von 70,00 € werden insgesamt 70 Aktien gehandelt, was einem Umsatz von 4.900,00 € entspricht.
Vergleiche dazu auch Aufgabe 28 und 29.

70,00 €

___ P.

28. Aufgabe

Hinweis: Die maximale Anzahl an Aktien, die zu einem Kurs von 80,00 € gekauft werden, liegt bei 25 Stück (Käufer 3). Bei diesem Kurs kommen Verkäufer 3 und Verkäufer 2 (teilweise) zum Zuge. Für Käufer 1 und 2 ist der Kurs von 80,00 € zu hoch, sie kaufen nicht. Daher beschränkt sich die Menge auf 25 Aktien.
25 Aktien · 80,00 € = 2.000,00 €

2.000,00 €

___ P.

29. Aufgabe

Hinweis: Die maximale Anzahl an Aktien, die zu einem Kurs von 70,00 € gekauft werden, liegt bei 70 Aktien · 70,00 € = 4.900,00 €.

4.900,00 €

Teil 3: Kaufmännische Steuerung von Geschäftsprozessen

Details zu den Lösungen finden Sie auf den folgenden Seiten.
Pro Aufgabe werden 3,70370 (Gesamtpunktzahl: 100) Punkte vergeben.

Aufgabe Nr.	Lösung
Seite 95	**1** Soll: 8 6 4 – Haben: _ _ 3
Seite 97	**2** Soll: 3 _ – Haben: 5 6
Seite 98	**3** Soll: 6 _ _ – Haben: 7 5 2
Seite 99	**4a** € 4 9 5 0, ct 0 0 — **4b** € 7 3 3 3, ct 3 3 — **5** Soll: 3 – Haben: 6
Seite 100	**6** € 3 0 0, ct 0 0 — **7** Soll: 6 _ – Haben: 8 5
Seite 101	**8** 3 6 8
Seite 102	**9** € 7 1 6, ct 4 0 — **10** € 4 1 4, ct 0 0
Seite 103	**11** € 6 2 0, ct 6 1 — **12** 5
Seite 104	**13** € 1 4 1 4, ct 1 7 — **14** 4 — **15** 3
Seite 105	**16** 6
Seite 106	**17** 4 — **18** € 1 4 9 0 7 0 0 0, ct 0 0 — **19** € 1 0 5 9 3 0 0 0, ct 0 0 — **20** 1, 7 1 0 6
Seite 107	**21** Soll: 3 4 – Haben: _ 7
Seite 108	**22** 2 1 . 0 8 . 2 0 X X — **23** € 2 7 6, ct 7 4
Seite 109	**24** 2 — **25** 1 – 5 – 3 – 4 – 7 – 2 – 8 – 6
Seite 110	**26** % 3 9, 7 7 — **27** 3

So viele Punkte habe ich erreicht: ________ So lange habe ich gebraucht: ________

Ausführliche Lösungen

___ P. **1. Aufgabe**

Hinweis: Transportbehälter, die der Lieferant in Rechnung stellt, werden über „Warenbezugskosten“ gebucht. Als Anschaffungsnebenkosten erhöhen sie den Wareneinsatz und werden entsprechend über das Konto „Wareneingang“ abgeschlossen.

Soll	Haben
[8] [6] [4]	[ ] [ ] [3]

___ P. **2. Aufgabe**

Hinweis: Die dem Kunden in Rechnung gestellten Transportkosten werden auf dem Konto „Warenverkauf“ gebucht (das Gleiche gilt für Verpackungsmaterial und Verkaufsprovisionen), da sie für die Bill & Eckhardt KG auch einen Umsatz darstellen. Ein eigenes Ertragskonto wird i. d. R. dafür nicht eingerichtet.

Soll	Haben
[3] [ ]	[5] [6]

___ P. **3. Aufgabe**

Hinweis: Das Konto „Verbindlichkeiten“ steht alleine auf der Sollseite, da sich die bestehenden Verbindlichkeiten durch die Begleichung der Rechnung reduzieren.
Das Konto „Kreditinstitute“ wird auf der Habenseite mit dem Rechnungsbetrag minus Skontoabzug gebucht.
„Lieferantenskonti“ wird im Haben gebucht, da es später über „Wareneingang“ abgeschlossen wird und den Wareneinsatz vermindert.
Die Vorsteuer muss korrigiert werden und steht deshalb auf der Habenseite.

Soll	Haben
[6] [ ] [ ]	[7] [5] [2]

___ P. **4. Aufgabe**

Hinweis: Die kalkulatorische Abschreibung bezieht sich auf die geschätzte Nutzungsdauer und den Wiederbeschaffungswert.
Die bilanzielle Abschreibung bezieht sich auf die gesetzlich festgelegte Nutzungsdauer und die Anschaffungskosten.
Die Abschreibung beginnt jeweils im Monat der Anschaffung.

a) $\frac{54.000,00\text{ €}}{10} \cdot \frac{11}{12} = \mathbf{4.950,00\text{ €}}$

b) $\frac{48.000,00\text{ €}}{6} \cdot \frac{11}{12} = \mathbf{7.333,33\text{ €}}$

___ P.

5. Aufgabe

Hinweis: Da am 1. November Ausgaben getätigt werden, die Aufwendungen des folgenden Geschäftsjahres betreffen, müssen die Aufwendungen mittels des Kontos „Aktive Rechnungsabgrenzungsposten" abgegrenzt werden.
Die Buchung auf diesem Konto gleicht auf der Aktivseite der Bilanz die für das Abschlussjahr zu hohe Minderung des Bankguthabens aus.

Soll	Haben
3	6

___ P.

6. Aufgabe

Hinweis: Abgegrenzt werden die Monate des folgenden Geschäftsjahres, also nur der Januar.

Zinsen pro Jahr: 180.000,00 € · 2 % = 3.600,00 €

Zinsen pro Monat: $\frac{3.600,00\ €}{12} = \mathbf{300,00\ €}$

Zahlung am 1. November: 3 · 300,00 € = 900,00 €

300,00 € davon betreffen das folgende Geschäftsjahr und müssen daher abgegrenzt werden.

___ P.

7. Aufgabe

Hinweis: Da die Bill & Eckhardt KG eine Gutschrift erhält, wird dies auf dem Konto „Verbindlichkeiten" auf der Sollseite gebucht.
„Lieferantenboni" wird im Haben gebucht, da es später über „Wareneingang" abgeschlossen wird und den Wareneinsatz vermindert.
Die Vorsteuer muss korrigiert werden und steht deshalb auf der Habenseite.

Soll		Haben	
6		8	5

___ P.

8. Aufgabe

Hinweis:
Zu 1: Die Buchung auf „Lieferantenboni" mindert den Wareneinsatz.
Zu 2: Der Warenbestand bleibt unberührt.
Zu 4: Der Reingewinn wird erhöht, da der Aufwand (Wareneinsatz) sinkt.
Zu 5: Durch die Korrekturbuchung (Vorsteuer auf Habenseite) mindert sich die Vorsteuer.
Zu 7: Der Warenumsatz bleibt unberührt.

3 Der Warenrohgewinn wird dadurch erhöht.

6 Die Zahllast wird dadurch erhöht.

8 Das Konto „Kreditinstitute" bleibt unverändert, da die Gutschrift auf dem Konto „Verbindlichkeiten a. L. L." gebucht wird.

___ P. **9. Aufgabe**

Hinweis: Warenumsatz (netto) = Barverkaufspreis · Verkaufsmenge

Barverkaufspreis · Verkaufsmenge = 19,90 € · 36 = **716,40 €**

___ P. **10. Aufgabe**

Hinweis: Der Wareneinsatz ist die verkaufte Menge bewertet zum Bezugspreis!

Bezugspreis · Verkaufsmenge = 11,50 € · 36 = **414,00 €**

___ P. **11. Aufgabe**

Hinweis: Der Rechnungsbetrag für den geleasten Kopierer setzt sich aus fixen und variablen Bestandteilen zusammen.
Grundmiete, Zusatzgebühr und Urheberrechtspauschale sind Fixkosten. Die Kosten für die einzelnen Kopien sind variabel, wobei beachtet werden muss, dass erst ab der 10.001. Kopie variable Kosten anfallen.

Fixkosten pro Monat:

	399,00 €
+	75,00 €
+	2,65 €
	476,65 €

Variable Kosten pro Monat:

Anzahl der Kopien = 27.857 – 16.575 = 11.282

Da 10.000 Kopien in der Grundmiete enthalten sind, werden nur 11.282 – 10.000 = 1.282 Kopien bezahlt.

1.282 · 0,035 € = 44,87 €

Gesamtkosten = Fixkosten + variable Kosten = 476,65 € + 44,87 € = 521,52 € + 19 % Ust. = **620,61 €**

___ P. **12. Aufgabe**

Hinweis: Progressive Kosten steigen überproportional zur Absatzmenge, z. B. erhöhte Löhne bei Überstunden.

5 Progressive Stückkosten

___ P. **13. Aufgabe**

Hinweis: Der Abschreibungsbetrag bezieht sich auch auf die Anschaffungsnebenkosten (hier Installation) und wird auf den Nettobetrag (ohne USt.!) berechnet. Für die Monate vor dem Anschaffungsmonat dürfen keine Abschreibungen vorgenommen werden.

	4.691,00 €
+	400,00 €
	5.091,00 € : 3 = 1.697,00 €

$1.697{,}00\ € \cdot \frac{10}{12} = \mathbf{1.414{,}17\ €}$

___ P.

14. Aufgabe

Hinweis: $Umsatzrentabilität = \frac{Gewinn}{Umsatz} \cdot 100$

Zu 1: Nein, auch bei steigendem Umsatz kann die Umsatzrentabilität steigen, wenn der Gewinn relativ noch mehr steigt.
Zu 2: Die EK-Quote errechnet sich aus dem Verhältnis von EK zu Gesamtkapital.
Zu 3: Nein, auch wenn der Umsatz prozentual stärker fällt als der Jahresgewinn, steigt die Kennziffer.

4 Eine mögliche Ursache ist, dass der Jahresgewinn sich prozentual stärker erhöht hat als der Umsatz.

___ P.

15. Aufgabe

Hinweis:
Zu 1: Dies könnte höchstens beim offenen Factoring geschehen.
Zu 2: Nein, da das Factoring-Institut beim echten Factoring das Kreditausfallrisiko („Delkredere“) trägt.
Zu 4: Das Mahnverfahren wird auch vom Factoring-Institut übernommen.
Zu 5: Das Gegenteil ist der Fall.

3 Die Bill & Eckhardt KG muss der Factoring-Bank Zinsen und Provision für die Dienstleistung zahlen.

___ P.

16. Aufgabe

Hinweis:
Zu 1: Bürobedarf gehört nicht zum neutralen Ergebnis, sondern stellt Grundkosten dar.
Zu 2: Siehe 1.
Zu 3: Kalkulatorische Abschreibungen gehören nicht zum neutralen Ergebnis, sondern stellen Anderskosten dar.
Zu 4: Die steuerliche Abschreibung gehört nicht zum neutralen Ergebnis, sondert stellt Grundkosten dar.
Zu 5: Die Steuererstattung gehört zwar zum neutralen Ergebnis, allerdings trägt sie als neutraler Ertrag nicht zu einem negativen neutralen Ergebnis bei.

6 Die Bill & Eckhardt KG hat einen vier Jahre alten LKW unter Buchwert verkauft.

___ P.

Aufgaben 17–20

Hinweis:

S	*140 Vorsteuer* *H*
390.000	*USt. 390.000*

S	*180 Umsatzsteuer* *H*
VSt. 390000	*485.000*
SBK 95.000 *(= Zahllast)*	

S	*301 Wareneingang* *H*
14.500.000	**GuV 14.907.000** *(=* ***Wareneinsatz****)*
WBK 277.000	
WB 130.000	

S	*302 Warenbezugskosten* *H*
277.000	*WE 277.000*

S	*390 Warenbestände* *H*
AB 620.000	*SB 490.000*
	WE 130.000 *(Bestandsminderung)*

S	*801 Warenverkauf* *H*
GuV 25.500.000 *(= Nettoumsatz)*	*25.500.000*

___ P.

17. Aufgabe

Hinweis: Das Konto „Warenbestand“ ist ein aktives Bestandskonto und erscheint deswegen beim Schlussbilanzkonto auf der Sollseite. Der Abschlussbuchungssatz lautet daher „SBK an WB“.

4 Warenbestände (390) an Schlussbilanzkonto (940) 490.000 €

___ P.

18. Aufgabe

Hinweis: Der Wareneinsatz ist der Saldo des Kontos „Wareneingang“. Er errechnet sich als das Produkt von Absatzmenge und Bezugspreis.

14.907.000,00 €

___ P.

19. Aufgabe

Hinweis: Der Warenrohgewinn ist die Differenz von Nettoumsatz (= Saldo des Kontos Warenverkauf) und Wareneinsatz.

25.500.000,00 € – 14.907.000,00 € = **10.593.000,00 €**

___ P.

20. Aufgabe

Hinweis: Der Kalkulationsfaktor errechnet sich bei einer Stückbetrachtung als „Verkaufspreis : Bezugspreis“ und bei einer Gesamtbetrachtung als „Nettoumsatz : „Wareneinsatz.
Er wird mit vier Stellen hinter dem Komma angegeben.

$$\frac{25.500.000\text{ €}}{14.907.000\text{ €}} = \mathbf{1{,}7106}$$

___ P.

21. Aufgabe

Hinweis: Ausgangsfrachten zählt neben Verpackungsmaterial und Provisionsaufwendungen zu den Vertriebskosten. Sie werden über das GuV-Konto abgeschlossen.

Soll		Haben	
3	4		7

___ P.

22. Aufgabe

Hinweis: Bei dem Zahlungstermin „zahlbar sofort“ tritt der Verzug entweder durch eine Mahnung ein oder automatisch 30 Tage nach Zugang der Rechnung. Da die Rechnung am 20. Juli einging, beginnt der Verzug am 21. August (der Rechnungstag wird nicht mitgerechnet).
Wenn die Gamma Bike Sports OHG am 12. Oktober zahlen würde, lägen 52 Verzugstage vor. Da es sich um ein Rechtsgeschäft zwischen zwei Unternehmen handelt, gilt § 288 (2) BGB. Die Verzugszinsen beziehen sich auf den Bruttorechnungsbetrag.

21.08.20XX

___ P.

23. Aufgabe

Hinweis: $Z = \frac{K \cdot p \cdot t}{100 \cdot 360}$

$$Z = \frac{21.896\text{ €} \cdot 8{,}75 \cdot 52}{36.000} = \mathbf{276{,}74\text{ €}}$$

___ P.

24. Aufgabe

Hinweis: Der Vollstreckungsbescheid wird wie der Mahnbescheid beim Amtsgericht des Gläubigers (Bill & Eckhardt KG mit Sitz in Gießen, also Amtsgericht Gießen) beantragt.

2 Beantragung eines Vollstreckungsbescheids beim Amtsgericht in Marburg

___ P.

25. Aufgabe

Hinweis: Die Gliederung der Bilanz ist in § 266 HGB gegeben. Auf der Aktivseite ist das Gliederungskriterium „steigende Liquidität“, auf der Passivseite „zunehmende Dringlichkeit der Rückzahlung“.

Lösung: **1, 5, 3, 4, 7, 2, 8, 6**

AKTIVA	BILANZ		PASSIVA
Bauten auf eigenen Grundstücken	380.000	Eigenkapital	895.000
Betriebs- und Geschäftsausstattung	122.000	Verbindlichkeiten gegenüber KI	50.000
Warenbestände	396.000	Verbindlichkeiten aLL	88.000
Forderungen aLL	100.000		
Kreditinstitute	35.000		
Summe	**1.033.000**	**Summe** **1.033.000**	

___ P.

26. Aufgabe

Hinweis:

$$Liquidität = \frac{flüssigeMittel}{kurzfristiges\ Fremdkapital} \cdot 100$$

$$\text{Liquidität} = \frac{35.000\ €}{88.000\ €} \cdot 100 = \mathbf{39{,}77\ \%}$$

___ P.

27. Aufgabe

Hinweis: Eine genaue Zielbeschreibung (z. B. nach den SMART-Kriterien: „spezifisch", „messbar", „attraktiv", „realistisch", „terminiert") ist wichtig. Nur wenn den Beteiligten das Ziel klar ist, können sie sich auf genau die Maßnahmen verständigen, die dort hinführen.
Das Team erstellt in dem vorgegebenen Rahmen den detaillierten Zeitplan selbst.
Die Teammitglieder arbeiten eigenverantwortlich an der Erreichung des gemeinsam vereinbarten Ziels und erhalten keine genauen Arbeitsanweisungen ihrer Vorgesetzten.

3 Sie geben dem Team das Ziel präzise formuliert vor, lassen es dann aber selbst entscheiden, wie es dieses erreichen möchte.

Teil 1: Prozessorientierte Organisation von Großhandelsgeschäften

Distribution planen und steuern; Marketingmaßnahmen planen, durchführen, kontrollieren und steuern

13 Punkte
15 Minuten

1. Aufgabe

Situation

Aufgrund der Ergebnisse einer Strategiesitzung möchte die Bill & Eckhardt KG einen weiteren Standort in der *Bergstraße* in Kassel eröffnen. Dort soll die bisherige Produktpalette angeboten und ein kleines Lager eingerichtet werden.

3 Punkte

1.1 Nennen Sie unter Zuhilfenahme der beiden Karten **3 Vorteile** für den Standort Bergstraße in Kassel für die Bill & Eckhardt KG.

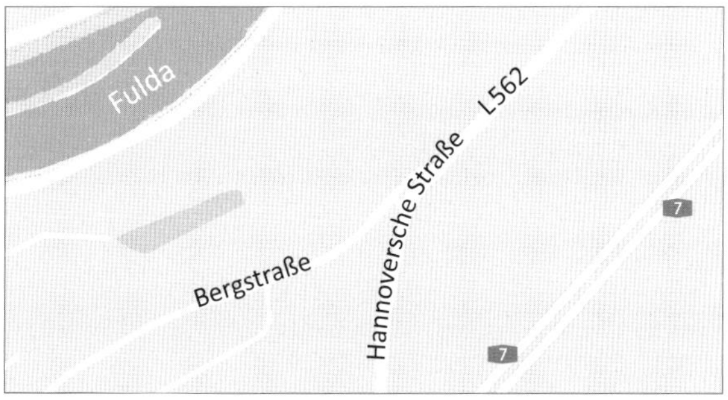

1.2 Sie werden beauftragt, Informationen über potenzielle Kundinnen bzw. Kunden am neuen Standort zu generieren.

4 Punkt

1.2.1 Erläutern Sie zwei Vorteile, die für eine direkte Befragung von potenziellen Kunden durch den Außendienst am neuen Standort sprechen.

4 Punkte **1.2.2** Erläutern Sie zwei Aspekte, die für eine Onlinebefragung durch ein externes Dienstleistungsunternehmen sprechen.

2 Punkte **1.3** Nennen Sie **zwei Maßnahmen**, wie Sie potenzielle Kunden auf ihren neuen Standort aufmerksam machen können.

Handelsspezifische Beschaffungslogistik planen und steuern

17 Punkte
20 Minuten

2. Aufgabe

Situation

Im Rahmen der Eröffnung des neuen Standortes Kassel (siehe Aufgabe 1) haben Sie Anfragen an potenzielle Neulieferanten versendet. Ihnen liegen nun zwei Angebote (siehe Anlagen) für die Lieferung von Fahrradreifen vor.

10 Punkte **2.1** Ermitteln Sie unter Anwendung des Kalkulationsschemas (bitte ausführlich angeben) **den günstigsten Bezugspreis pro Stück** für eine **Bestellmenge von 145 Stück**. Die Rechnung wird innerhalb der Skontofrist beglichen.

Anlage Angebot 1 zu Aufgabe 2.1 bis 2.3

Alles fürs Rad AG

Alles fürs Rad AG • Frankfurter Str. 115 • 04179 Leipzig

Bill & Eckhardt KG
Schlossallee 22
35390 Gießen

Ihre Zeichen: ME/CB

Unsere Zeichen: RF/XG

Angebot

Datum: 01.04.20XX

Sehr geehrte Damen und Herren,
vielen Dank für Ihr Interesse an unserem Sortiment.
Wir können Ihnen folgendes Angebot unterbreiten:

Artikelnummer	Artikel	Preis pro Stück	Rabattstaffel	
RR334	Hausmarke Economy Plus	4,50 €	Abnahme: 50–100 Stück	5 %
			Abnahme: über 100 Stück	10 %
			zuzüglich 19 % Umsatzsteuer	

Für den Transport berechnen wir je angefangene 50 Stück 5,00 EUR.

Wir gewähren ein Zahlungsziel von 20 Tagen ab Rechnungsdatum und bei Zahlung innerhalb von 6 Tagen 2 % Skonto.

Weitere Einzelheiten entnehmen Sie bitte den beigefügten AGB.

Gern erwarten wir Ihren Auftrag, den wir mit großer Sorgfalt ausführen werden.

Mit freundlichen Grüßen

Martin Hübner

Auszug aus den AGB der Alles fürs Rad AG

1. Umfang der Lieferpflicht: Der Umfang der Lieferpflicht ergibt sich aus der schriftlichen Auftragsbestätigung des Lieferers. Angebote sind grundsätzlich nur freibleibend. Zusätzliche Nebenabreden bedürfen der schriftlichen Bestätigung. [...]
4. Eigentumsvorbehalt: Alle gelieferten Waren bleiben bis zur vollständigen Bezahlung unserer sämtlichen Forderungen unser Eigentum.
5. Erfüllungsort und Gerichtsstand: Erfüllungsort und Gerichtsstand für beide Teile ist Kassel.

Anlage Angebot 2 zu Aufgabe 2.1 bis 2.3

Fahrradreifen Meier GmbH

Fahrradreifen Meier GmbH • Burgallee 57 • 34117 Kassel

Bill & Eckhardt KG
Schlossallee 22
35390 Gießen

Ihre Zeichen:	Unser Zeichen:	Datum:
ME/CB	RM/JF	01.04.20XX

Angebot 7544 – 20A

Sehr geehrte Damen und Herren,

wir bedanken uns für Ihre Anfrage nach hochwertigen Fahrradreifen. Gern bieten wir Ihnen folgende Reifen an:

Artikelnummer	Artikel	Preis pro Stück	
25004-55	Markenreifen YoodGear mit Pannenschutz	Abnahme: 0–140 Stück	4,50 €
		Abnahme: 141–199 Stück	4,25 €
		Abnahme: ab 199 Stück	3,99 €
		zuzüglich 19 % Umsatzsteuer	

Wir liefern im Großraum von Kassel auf unsere Gefahr und Kosten frei Haus.

Die Zahlung ist fällig innerhalb von 30 Tagen nach Lieferung ohne Abzug.
Bei Zahlung innerhalb von 7 Tagen gewähren wir 2 % Skonto.

Die Ware bleibt bis zur vollständigen Bezahlung unser Eigentum.

Bitte beachten Sie auch unser großes Sortiment an Fahrradreifen im beigefügten Katalog!

Über Ihren Auftrag würden wir uns freuen.

Mit freundlichen Grüßen

Thomas Berner

3 Punkte **2.2** Erläutern Sie, wie zwischen der Alles fürs Rad AG (Angebot 1) und der Bill & Eckhardt KG ein Kaufvertrag zustande käme.

2 Punkte **2.3** Die Bill & Eckhardt KG überlegt, das Angebot der Fahrradreifen Meier GmbH (Angebot 2) anzunehmen. Nennen Sie **zwei nicht preisbezogene Gründe**, die für die Annahme des Angebotes 2 sprechen.

2 Punkte **2.4** Nach Abwägung der Argumente bestellt die Bill & Eckhardt KG 145 Fahrradreifen bei der Fahrradreifen Meier GmbH. Bei der Wareneingangskontrolle stellen Sie fest, dass 20 der 145 gelieferten Reifen nicht der bestellten Ware entsprechen (Marke Donlup statt YoodGear).
Welches Recht kann die Bill & Eckhardt KG **nachrangig** geltend machen, wenn die Lieferanten die vorrangigen Rechte nicht erfüllen können?

Einkauf von Waren und Dienstleistungen marktorientiert planen, organisieren und durchführen; Lagerlogistik planen, steuern und abwickeln

9 Punkte
15 Minuten

3. Aufgabe

Situation

Der Bekanntheitsgrad des neuen Standorts soll weiter gesteigert werden. Dafür wird eine Hausmesse am 01.02.20XX durchgeführt. Für diese Hausmesse wird mit dem Lieferanten AllTerrainBikes OHG am 04.01.20XX ein Fixkauf über 5 E-Bikes der Premiummarke DownHill zur Lieferung am 15.01.20XX vereinbart. Am 17.01.20XX sind die E-Bikes noch nicht geliefert worden. Die Anfrage bei einem anderen Lieferer hat ergeben, dass dieser innerhalb von 3 Tagen liefern könnte. Allerdings entstünden je E-Bike 10 % Mehrkosten.

9 Punkte Schreiben Sie auf dem abgebildeten Vordruck einen unterschriftsreifen Brief an den Lieferer AllTerrainBikes OHG, Gießener Straße 12, 34123 Kassel, in dem Sie rechtlich begründet auf die vorliegende Leistungsstörung hinweisen. Stellen Sie, unter Nennung eventueller Fristen, Ihre berechtigten Forderungen an den Lieferer AllTerrainBikes OHG.

Bill & Eckhardt

Bill & Eckhardt KG • Schlossallee 22 • 35390 Gießen

Bill & Eckhardt KG, Sitz Gießen Handelsregister Amtsgericht Gießen HRA 20 307 Geschäftsführer: Mirko Eckhardt, Christian Bill	Bankverbindung Stadtsparkasse Gießen IBAN: DE99 7015 0000 0009 4126 59 BIC: BEGHMSA2NUL USt-IdNr.: DE987654321

Verkauf kundenorientiert planen und durchführen; Warenbezogene Rückabwicklungsprozesse organisieren und durchführen

19 Punkte
20 Minuten

4. Aufgabe

Situation

Das Absatzgebiet im nahen Umfeld der Firmenstandorte ist für die Bill & Eckhardt KG extrem wichtig. Durch die neue Filiale betrifft dies auch den Umkreis von Kassel. Nach Ausarbeitung eines Konzeptes durch die Abteilung Logistik wird überlegt, wie die Kunden in diesem Gebiet am besten beliefert werden können. Im Großraum Gießen beispielsweise werden die Kunden mit eigenen Fahrzeugen und eigenem Personal beliefert.

4 Punkte

4.1 Nennen Sie **jeweils zwei Vor- und zwei Nachteile** des Eigentransportes gegenüber außerbetrieblichen Transportmöglichkeiten.

Vorteile des Eigentransports:

Nachteile des Eigentransports:

2 Punkte

4.2 Nach Rücksprache mit der Geschäftsleitung wird erwogen, verschiedene externe Dienstleister für den Transport einzusetzen.
Erläutern Sie den Unterschied zwischen einem Spediteur und einem Frachtführer.

4 Punkte

4.3 Nennen Sie **zwei Rechte und zwei Pflichten**, die der Frachtführer laut Frachtvertrag hat.

Rechte des Frachtführers	Pflichten des Frachtführers

4 Punkte **4.4** Die Abteilung Absatzlogistik hat für die Auslieferungstour eine optimale Route hinsichtlich der Entfernung in km erstellt.
Nennen Sie 4 Gründe, um von dieser Route abzuweichen.

Situation

Sie sollen die Frage, ob weiterhin ein Eigentransport oder ein Fremdtransport günstiger ist, anhand von Kostenaspekten beantworten und dies als Entscheidungsgrundlage nutzen.

Ihnen sind folgende Daten bekannt:
Beim Eigentransport fallen für die Bill & Eckhardt KG monatliche Fixkosten in Höhe von 3.200 € für das Gehalt (brutto inkl. Sozialabgaben) des Fahrers an. Die variablen Kosten pro gefahrenem Kilometer betragen 2 €.
Für den Fremdtransport hingegen veranschlagt der günstigste Spediteur 2,40 € pro gefahrenem Kilometer.

5 Punkte **4.5** Ermitteln Sie die Kilometerleistung, bei der der Übergang von einer Transportart auf die andere kostengünstiger wird. Geben Sie einen nachvollziehbaren Rechenweg an.

Lagerlogistik planen, steuern und abwickeln

21 Punkte
25 Minuten

5. Aufgabe

Situation

Durch die Standortneueröffnung in Kassel und den dadurch gestiegenen Umsatz wird die Lagerkapazität trotz neuem Lager knapp. Die Bill & Eckhardt KG muss sich daher um eine Erweiterung der vorhandenen Lagerkapazitäten kümmern. Dabei hat sie die Wahl zwischen Eigen- und Fremdlagerung.

3 Punkte

5.1 Erläutern Sie in diesem Zusammenhang **drei grundlegende Funktionen** der Lagerhaltung im Großhandel.

___

___

___

___

3 Punkte

5.2 Nennen Sie **drei Vorteile** für die Nutzung eines Eigenlagers und **drei Vorteile** für die Nutzung eines Fremdlagers.

Vorteile Eigenlager	Vorteile Fremdlager

Situation

Sie sind beauftragt worden, die Filialleitung der neuen Filiale Kassel bei der Entscheidungsfindung zu unterstützen. Dazu sollen Sie eine Vergleichsrechnung zwischen Eigen- und Fremdlagerung durchführen.

Ihnen liegen folgende Daten vor:

Kosten der Eigenlagerung			Kosten der Fremdlagerung
Variable Kosten der Lagerhaltung: 31,50 € pro m² monatlich			80 € pro m² monatlich
Fixe Kosten monatlich:	Raumkosten	5.200 €	
	Personalkosten	4.400 €	
	Versicherungen	100 €	

5 Punkte **5.3** Ermitteln Sie unter Angabe des Rechenweges, für welche Lagerart sich die Bill & Eckhardt KG in Abhängigkeit der Lagerfläche in m^2 entscheiden sollte. Ab welcher Lagerfläche ist welche Lagerart kostengünstiger? Formulieren Sie einen Antwortsatz.

Antwort:

5.4 Die prognostizierte benötigte Lagerfläche von 300 m² spricht für die Lagerart Eigenlagerung. Im Zuge dessen wird das Inventurverfahren im neuen Lager von Stichtagsinventur auf permanente Inventur geändert.

4 Punkt **5.4.1** Erläutern Sie zwei Vorteile der permanenten Inventur.

3 Punkte **5.4.2** Nennen Sie drei Ursachen für Inventurdifferenzen.

3 Punkte **5.4.3** Beschreiben Sie drei Maßnahmen, um Inventurdifferenzen zu verringern.

Einkauf von Waren und Dienstleistungen marktorientiert planen, organisieren und durchführen; Lagerlogistik planen, steuern und abwickeln

21 Punkte
25 Minuten

6. Aufgabe

Situation

Die Bill & Eckhardt KG sieht sich derzeit aggressiven Preiskämpfen durch Mitbewerber ausgesetzt. Durch den Bezug von Fahrradteilen aus dem Ausland versucht die Bill & Eckhardt KG nun, diesem Preisdruck standzuhalten. Die Import-/Exportabteilung hat dazu bereits vor einiger Zeit einen Lieferanten aus China ermittelt, der gute Qualität zu günstigen Preisen liefert. Durch den neuen Standort in Kassel kann die Bill & Eckhardt KG nun auch die geforderte Mindestabnahmemenge des Anbieters aus China einkaufen.

Auszug aus dem Vertragsabschluss

China Bike Equipment Co., Ltd

China Bike Equipment Co., Ltd • 20181 Shanghai, China

Bill & Eckhardt KG
Schlossallee 22
35390 Gießen

Vertrag Nr.: 772-A2018

Verkäufer	**Käufer**
China Bike Equipment Co., Ltd 20181 Shanghai, China	Bill & Eckhardt KG Schlossallee 22, 35390 Gießen

Produkt: Fahrradrahmen 55 cm
Menge: 100 Stück
Preis: 600,00 USD/Stück

Lieferung: CPT Hamburg gemäß Incoterms 2010

Zahlung: durch ein unwiderrufliches, bestätigtes Akkreditiv, das gegen Vorlage nachfolgender Dokumente zahlbar ist:

1. An-Bord-Seekonnossement in 3-facher Originalausfertigung, ausgestellt an Order und mit Ausweis der Verschiffung Shanghai nach Hamburg, spätestens am 3.7.20XX. Empfänger: Anker-Spedition, Eichgärtenallee 12, 35394 Gießen.
2. […]

4 Punkte **6.1** Erläutern Sie die genannte Lieferbedingung bezüglich des Kostenübergangs und des Gefahrenübergangs.

4 Punkte **6.2** Erläutern Sie anhand des Vertragsauszuges zwischen der Bill & Eckhardt KG und der China Bike Equipment Co., Ltd **zwei Funktionen** des Konnossements.

4 Punkte **6.3** Begründen Sie, für wen die Lieferbedingung DDP im Gegensatz zur im Vertrag vereinbarten Lieferbedingung vorteilhafter wäre? Nennen Sie auch den Wortlaut sowie die Übersetzung/Bedeutung der Bezeichnung DDP.

4 Punkte **6.4** Welcher Grund könnte für die Vereinbarung der im Vertragsauszug genannten Zahlungsbedingung sprechen? Legen Sie **jeweils einen Grund** aus Sicht des Exporteurs und aus Sicht des Importeurs dar.

Exporteur: ______________________________

Importeur: ______________________________

2 Punkte **6.5** Nennen Sie **zwei Dokumente**, die zur Abwicklung des Dokumentenakkreditivs notwendig sind.

2 Punkte **6.6** Berechnen Sie den Gesamtbetrag des Auftrages in Euro.
(Aktueller Kurs: 1 € = 1,14 US-Dollar)

1 Punkt **6.7** Nennen Sie **eine Informationsquelle**, bei der Sie sich über mögliche Einfuhrbeschränkungen informieren können.

100 Punkte
60 Minuten

Teil 2: Wirtschafts- und Sozialkunde

Tragen Sie die Lösungen der Aufgaben in die Kästchen auf dem Lösungsbogen ein (siehe Seite 163).

1. Aufgabe

Die Bill & Eckhardt KG orientiert sich bei ihrem Handeln am erwerbswirtschaftlichen Prinzip. Welche Unternehmenszielsetzung entspricht diesem Prinzip?

1. Die Beschäftigung möglichst vieler Arbeitnehmer, um einen Beitrag zur Vollbeschäftigung zu leisten
2. Das Angebot zu möglichst niedrigen Preisen, um den Absatz zu maximieren
3. Gewinnmaximierung, um das Unternehmenswachstum zu fördern
4. Maximierung des Marktanteils, um Mitbewerber zu verdrängen
5. Ein möglichst breites und tiefes Sortiment, um die Kundenbedürfnisse zu befriedigen

2. Aufgabe

Unternehmensziele konkurrieren oftmals miteinander. Es entstehen also Zielkonflikte. In welchem der folgenden Fälle liegt bei den Unternehmenszielen der Bill & Eckhardt KG ein solcher Zielkonflikt vor?

1. Verpackungsmaterial soll um 15 % reduziert und somit das Unternehmensimage verbessert werden.
2. Umstrukturierungen zur Kostensenkung führen zur Reduzierung der Belegschaft.
3. Das Verkaufsgebiet soll auf Österreich ausgeweitet werden und es soll eine Kantine für die Mitarbeiter errichtet werden.
4. Der Marktanteil bei E-Bikes soll von 6 % auf 9 % ausgebaut werden und die Anzahl der Kunden um 5 % steigen.
5. Die Kosten der Logistik sollen reduziert werden und es soll vermehrt von deutschen Lieferanten bezogen werden anstatt von Lieferanten aus Fernost.

3. Aufgabe

Ihr Abteilungsleiter beauftragt Sie, 600 Eiweiß-Riegel „Energy Bar 2000“ zu bestellen. Für welches Angebot würden Sie sich entscheiden, wenn Sie das Minimalprinzip anwenden?

1. 100 Stück zu 170 €
2. 600 Stück zu 960 €
3. 200 Stück zu 300 €
4. 50 Stück zu 100 €

4. Aufgabe

Mittlerweile gehören zum Kundenkreis der Bill & Eckhardt KG nicht nur privatwirtschaftliche Betriebe, sondern auch Kommunen und Banken. Welcher der folgenden Kunden ist *keine* juristische Person?

1. Die Stadt Gießen
2. Speed Bike AG
3. E-Bike Shop Schnarcher, e.K.
4. Alpha Bike GmbH
5. Volksbank Oberhessen eG

5. Aufgabe

Arbeitsrechtliche Sachverhalte werden in verschiedenen Gesetzen geregelt. Ordnen Sie zu, indem Sie die Kennziffern von 2 der 6 Rechtsquellen in die Kästchen neben den rechtlichen Normen eintragen. Übertragen Sie anschließend Ihre senkrecht angeordneten Lösungsziffern in dieser Reihenfolge von links nach rechts in den Lösungsbogen.

Rechtsquellen	Rechtliche Normen
❶ Jugendarbeitsschutzgesetz	☐ Arbeitgeber und Betriebsrat arbeiten unter Beachtung der geltenden Tarifverträge vertrauensvoll zusammen.
❷ Berufsbildungsgesetz	☐ Der Urlaub beträgt jährlich mindestens 24 Wochentage.
❸ Handelsgesetzbuch	
❹ Bundesurlaubsgesetz	
❺ Betriebsverfassungsgesetz	
❻ Tarifvertragsgesetz	

6. Aufgabe

Für die Abteilung Controlling der Bill & Eckhardt KG sollen neue Bürostühle angeschafft werden. Sie finden in der Tageszeitung vom 5. Januar 20XX die abgebildete Anzeige der Büro Fink GmbH.

Stuhl: © Aleksandr Kurganov. Shutterstock

Prüfen Sie, welche Feststellung über die rechtliche Wirkung der Anzeige zutrifft!

1. Die Anzeige ist im rechtlichen Sinne kein Angebot, da es sich um eine Anpreisung handelt.
2. Die Anzeige bindet den Anbieter, nach Eingang der Bestellung unverzüglich zu liefern.
3. Die Anzeige gilt rechtlich als Antrag für den Abschluss eines Kaufvertrags.
4. Die Anzeige bindet den Anbieter ab Erscheinungsdatum der Anzeige für einen Monat.
5. Die Anzeige gilt rechtlich nur für die jeweiligen Zeitungsabonnenten.

7. Aufgabe

Die Bill & Eckhardt KG hat bei ihrem Lieferanten, der Fahrradhandel GmbH aus Frankfurt/Oder, 10 Pakete Fahrradlampen à 10 Stück bestellt. Bei der Montage, zwei Wochen nach Wareneingang, wurde festgestellt, dass mehrere Lampen nicht funktionstüchtig waren. Welche Pflicht hat die Bill & Eckhardt KG?

1. Sie muss den Mangel spätestens vier Wochen nach Lieferung bei der Fahrradhandel GmbH rügen.
2. Sie muss den Mangel unverzüglich, d. h. ohne schuldhaftes Verzögern, nach Entdeckung bei der Fahrradhandel GmbH rügen.
3. Sie muss den Mangel innerhalb von drei Jahren, beginnend am 1. Januar des Jahres nach der Entdeckung, rügen.
4. Die Mängelrüge muss schriftlich erfolgen.
5. Sie muss die defekten Lampen unverzüglich zurücksenden.

8. Aufgabe

Herr Eckhardt und Herr Bill wollen ein Grundstück für eine neue Lagerhalle kaufen und die Bill & Eckhardt KG als Eigentümerin in das Grundbuch eintragen lassen. Welche Beurteilung des Sachverhalts ist richtig?

1. Dies ist nicht möglich, da die Bill & Eckhardt KG nicht rechtsfähig ist.
2. Dies ist nicht möglich, da die Bill & Eckhardt KG eine juristische Person des öffentlichen Rechts ist.
3. Dies ist möglich, da eine Eintragung grundsätzlich möglich ist, egal ob eine Rechts- oder Geschäftsfähigkeit vorliegt.
4. Dies ist nicht möglich, da dies nur alle Gesellschafter (auch die Kommanditisten) gleichzeitig vornehmen können.
5. Dies ist möglich, da die Bill & Eckhardt KG eine juristische Person ist und somit auch Träger von Rechten und Pflichten sein kann.

Situation zu den Aufgaben 9 und 10

Die Bill & Eckhardt KG bestellte beim Partyservice Lecker & Söhne in Marburg ein Buffet für die Weihnachtsfeier. Lecker & Söhne sollte am 21.12.20XX, 18:00 Uhr liefern. Leider war selbst um 19:00 Uhr noch keine Lieferung erfolgt. Auf telefonische Nachfrage teilte Lecker & Söhne mit, dass sie aufgrund eines hohen Krankenstandes nicht liefern können. Daraufhin bestellt C. Bill spontan bei einem anderen Caterer, der kurzfristig liefern kann. Allerdings zu 50 % höheren Kosten. Ein Gerichtsstand wurde vertraglich nicht vereinbart.

9. Aufgabe

Welche der folgenden Aussagen ist *nicht* richtig?

1. Lecker & Söhne befindet sich im Lieferungsverzug, obwohl keine schriftliche Mahnung erfolgt ist.
2. Lecker & Söhne befindet sich im Lieferungsverzug, obwohl sie nur aufgrund eines hohen Krankenstandes nicht liefern konnten.
3. Es liegt kein Lieferungsverzug vor, da Lecker & Söhne schuldlos nicht liefern konnte.
4. Verschulden ist im vorliegenden Fall keine Voraussetzung für den Eintritt des Lieferungsverzugs.
5. Nichtleistung und Fälligkeit sind Voraussetzungen für den Eintritt des Lieferungsverzugs.

10. Aufgabe

Welche Aussage trifft zu, wenn sich Lecker & Söhne im Lieferungsverzug befindet?

1. Die Bill & Eckhardt KG kann nach einer Mahnung vom Vertrag zurücktreten.
2. Die Bill & Eckhardt KG kann sich die entstandenen Mehrkosten aufgrund der Bestellung bei einem anderen Caterer von Lecker & Söhne erstatten lassen.
3. Die Bill & Eckhardt KG kann sich die entstandenen Mehrkosten aufgrund der Bestellung bei einem anderen Caterer von Lecker & Söhne nicht erstatten lassen, da Lecker & Söhne schuldlos nicht liefern konnte.
4. Die Bill & Eckhardt KG kann nach Eintritt des Lieferungsverzuges eine Konventionalstrafe festlegen.

11. Aufgabe

Welches Gericht müsste von der Bill & Eckhardt KG angerufen werden, wenn Lecker & Söhne seine vertraglichen Verpflichtungen nicht erfüllt?

1. Amtsgericht Gießen
2. Arbeitsgericht Gießen
3. Verwaltungsgericht Gießen
4. Amtsgericht Marburg
5. Arbeitsgericht Marburg

Anlagen zu den Aufgaben 12 bis 14

Bill & Eckhardt KG • Schlossallee 22 • 35390 Gießen

Alpha Bike GmbH
Marterkerstraße 57
35390 Gießen

für Sie zuständig:
Abteilung: Verkauf
Tel.: 0641 14567-0
Fax: 0641 14567-82

Bitte bei Zahlung immer angeben:
Belegnummer: 875685
Belegdatum: 14.11.2022
Kundennummer: 546465
Versandart: Zustellung ab Lager
Lieferdatum: 14.11.2022
ADM: Franz Ludwig

Rechnung

Sehr geehrte Frau Silber,

für die am 14.11.2022 gelieferten 10 E-Bikes Master 4 gestatten wir uns, Ihnen in Rechnung zu stellen:

Position	Artikelnummer, -bezeichnung	Einzelpreis in EUR	Gesamtpreis in EUR
1	E-Bike Master 4	415,70 €	4.157,00 €

USt 19 %	789,83 €
Rechnungsbetrag:	**4.946,83 €**

Der Rechnungsbetrag ist sofort fällig.

Bill & Eckhardt KG, Sitz Gießen
Handelsregister Amtsgericht Gießen HRA 20 307
Geschäftsführer: Mirko Eckhardt, Christian Bill

Bankverbindung
Stadtsparkasse Gießen
IBAN: DE99 7015 0000 0009 4126 59
BIC: BEGHMSA2NUL
USt-IdNr.: DE987654321

Es gelten unsere Allgemeinen Verkaufs-, Liefer- und Zahlungsbedingungen, die auszugsweise auf der Rückseite ausgedruckt bzw. an der Kasse ausgehängt sind.

Auszug aus dem BGB

§ 286 Verzug des Schuldners

(1) Leistet der Schuldner auf eine Mahnung des Gläubigers nicht, die nach dem Eintritt der Fälligkeit erfolgt, so kommt er durch die Mahnung in Verzug. Der Mahnung stehen die Erhebung der Klage auf die Leistung sowie die Zustellung eines Mahnbescheids im Mahnverfahren gleich.

(2) Der Mahnung bedarf es nicht, wenn
1. für die Leistung eine Zeit nach dem Kalender bestimmt ist,
2. der Leistung ein Ereignis vorauszugehen hat und eine angemessene Zeit für die Leistung in der Weise bestimmt ist, dass sie sich von dem Ereignis an nach dem Kalender berechnen lässt,
3. der Schuldner die Leistung ernsthaft und endgültig verweigert,
4. aus besonderen Gründen unter Abwägung der beiderseitigen Interessen der sofortige Eintritt des Verzugs gerechtfertigt ist.

(3) Der Schuldner einer Entgeltforderung kommt spätestens in Verzug, wenn er nicht innerhalb von 30 Tagen nach Fälligkeit und Zugang einer Rechnung oder gleichwertigen Zahlungsaufstellung leistet; dies gilt gegenüber einem Schuldner, der Verbraucher ist, nur, wenn auf diese Folgen in der Rechnung oder Zahlungsaufstellung besonders hingewiesen worden ist. Wenn der Zeitpunkt des Zugangs der Rechnung oder Zahlungsaufstellung unsicher ist, kommt der Schuldner, der nicht Verbraucher ist, spätestens 30 Tage nach Fälligkeit und Empfang der Gegenleistung in Verzug.

[...]

Kalender

November 2022						
Mo	Di	Mi	Do	Fr	Sa	So
	1	2	3	4	5	6
7	8	9	10	11	12	13
14	15	16	17	18	19	20
21	22	23	24	25	26	27
28	29	30				

Dezember 2022						
Mo	Di	Mi	Do	Fr	Sa	So
			1	2	3	4
5	6	7	8	9	10	11
12	13	14	15	16	17	18
19	20	21	22	23	24	25
26	27	28	29	30	31	

12. Aufgabe

Die Lieferung der E-Bikes erfolgte am 14.11.2022. Die Rechnung lag der Lieferung bei. Bis heute ist kein Zahlungseingang erfolgt.
Stellen Sie mithilfe der abgebildeten Rechnung und anhand des Gesetzesauszugs fest, mit Ablauf welchen Tages (TT.MM.JJJJ) die Alpha Bike GmbH nach den gesetzlichen Bestimmungen spätestens in Zahlungsverzug gerät.

____

13. Aufgabe

Welches Recht kann die Bill & Eckhardt KG bei einem Zahlungsverzug im vorliegenden Fall geltend machen, wenn sie noch keine Nachfrist gesetzt hat?

1. Sie kann sofort vom Vertrag zurücktreten.
2. Sie kann sofort Schadenersatz statt der Leistung verlangen.
3. Sie kann vom Vertrag zurücktreten und den Ersatz vergeblicher Aufwendungen verlangen.
4. Sie kann auf Zahlung des Kaufpreises bestehen und Verzugszinsen verlangen.
5. Sie kann vom Vertrag zurücktreten und Schadenersatz statt der Leistung verlangen.

14. Aufgabe

Bestimmen Sie anhand des Auszugs aus dem BGB, mit Ablauf welchen Tages (TT.MM.JJJJ) die Forderung der Bill & Eckhardt KG verjährt.

Auszug aus dem BGB

§ 195 Regelmäßige Verjährungsfrist

Die regelmäßige Verjährungsfrist beträgt drei Jahre.

§ 197 Dreißigjährige Verjährungsfrist

(1) In 30 Jahren verjähren, soweit nicht ein anderes bestimmt ist,

1. Schadensersatzansprüche, die auf der vorsätzlichen Verletzung des Lebens, des Körpers, der Gesundheit, der Freiheit oder der sexuellen Selbstbestimmung beruhen,
2. Herausgabeansprüche aus Eigentum, anderen dinglichen Rechten, den §§ 2018, 2130 und 2362 sowie die Ansprüche, die der Geltendmachung der Herausgabeansprüche dienen,
3. rechtskräftig festgestellte Ansprüche,
4. Ansprüche aus vollstreckbaren Vergleichen oder vollstreckbaren Urkunden,
5. Ansprüche, die durch die im Insolvenzverfahren erfolgte Feststellung vollstreckbar geworden sind, und
6. Ansprüche auf Erstattung der Kosten der Zwangsvollstreckung.

[...]

§ 199 Beginn der regelmäßigen Verjährungsfrist und Verjährungshöchstfristen

(1) Die regelmäßige Verjährungsfrist beginnt, soweit nicht ein anderer Verjährungsbeginn bestimmt ist, mit dem Schluss des Jahres, in dem

1. der Anspruch entstanden ist und
2. der Gläubiger von den den Anspruch begründenden Umständen und der Person des Schuldners Kenntnis erlangt oder ohne grobe Fahrlässigkeit erlangen müsste.

[...]

§ 201 Beginn der Verjährungsfrist von festgestellten Ansprüchen

Die Verjährung von Ansprüchen der in § 197 Abs. 1 Nr. 3 bezeichneten Art beginnt mit der Rechtskraft der Entscheidung, der Errichtung des vollstreckbaren Titels oder der Feststellung im Insolvenzverfahren, nicht jedoch vor der Entstehung des Anspruchs.

[...]

Situation zu den Aufgaben 15 bis 17

Sie sind derzeit in der Personalabteilung der Bill & Eckhardt KG eingesetzt und unterstützen Ihre Ausbilderin, Heidi Blum, bei der Auswahl und Betreuung der Auszubildenden.

15. Aufgabe

Für das neue Ausbildungsjahr soll ein neuer Auszubildender eingestellt werden. Bringen Sie die folgenden Schritte bei der Einstellung des neuen Auszubildenden in die richtige Reihenfolge, indem Sie die Ziffern 1 bis 5 in die Kästchen neben den Schritten eintragen. Übertragen Sie anschließend Ihre senkrecht angeordneten Lösungsziffern in dieser Reihenfolge von links nach rechts in den Lösungsbogen.

- [ ] Stellenausschreibung in den örtlichen Tageszeitungen
- [ ] Vorbereitung und Zusendung des Ausbildungsvertrages
- [ ] Eintragung des Ausbildungsverhältnisses in das Verzeichnis der Berufsausbildungsverhältnisse der IHK
- [ ] Durchführung eines Assessment-Centers
- [ ] Analyse der schriftlichen Bewerbungsunterlagen

16. Aufgabe

Laura Dühring, geboren am 05.01.2005, hat den Ausbildungsplatz bei der Bill & Eckhardt KG erhalten und wird die Ausbildung am 01.08.2022 beginnen.
Ein Auszubildender hat für jeden vollen Monat seit Beginn des Ausbildungsverhältnisses lt. Bundesurlaubsgesetz einen Anspruch auf 1/12 des gesetzlichen Jahresurlaubs. Bestimmen Sie anhand des folgenden Gesetzesauszuges die Urlaubstage, die Frau Dühring für das Jahr 2022 zustehen (auf ganze Tage runden).

Auszug aus dem Jugendarbeitsschutzgesetz

§ 19 Urlaub

(1) Der Arbeitgeber hat Jugendlichen für jedes Kalenderjahr einen bezahlten Erholungsurlaub zu gewähren.

(2) Der Urlaub beträgt jährlich
1. mindestens 30 Werktage, wenn der Jugendliche zu Beginn des Kalenderjahres noch nicht 16 Jahre alt ist,
2. mindestens 27 Werktage, wenn der Jugendliche zu Beginn des Kalenderjahres noch nicht 17 Jahre alt ist,
3. mindestens 25 Werktage, wenn der Jugendliche zu Beginn des Kalenderjahres noch nicht 18 Jahre alt ist.

17. Aufgabe

Sie erläutern Frau Dühring die abgebildeten gesetzlichen Arbeitszeitbestimmungen. Frau Dühring wird an berufsschulfreien Tagen um 8:00 Uhr mit der Arbeit beginnen. Stellen Sie anhand des abgebildeten Gesetzesauszugs fest, um wie viel Uhr (Std.:Min.) sie spätestens eine Pause einlegen muss.

Auszug aus dem Jugendarbeitsschutzgesetz

§ 11 Ruhepausen, Aufenthaltsräume

(1) Jugendlichen müssen im Voraus feststehende Ruhepausen von angemessener Dauer gewährt werden. Die Ruhepausen müssen mindestens betragen

1. 30 Minuten bei einer Arbeitszeit von mehr als viereinhalb bis zu sechs Stunden,
2. 60 Minuten bei einer Arbeitszeit von mehr als sechs Stunden.

Als Ruhepause gilt nur eine Arbeitsunterbrechung von mindestens 15 Minuten.

(2) Die Ruhepausen müssen in angemessener zeitlicher Lage gewährt werden, frühestens eine Stunde nach Beginn und spätestens eine Stunde vor Ende der Arbeitszeit. Länger als viereinhalb Stunden hintereinander dürfen Jugendliche nicht ohne Ruhepause beschäftigt werden.

[...]

§ 13 Tägliche Freizeit

Nach Beendigung der täglichen Arbeitszeit dürfen Jugendliche nicht vor Ablauf einer ununterbrochenen Freizeit von mindestens 12 Stunden beschäftigt werden.

---

18. Aufgabe

Sie sind in die Jugend- und Auszubildendenvertretung (JAV) gewählt worden. Bei der ersten Sitzung des Betriebsrates nach Ihrer Wahl geht es dort ausschließlich um Fragen zur Berufsausbildung. Prüfen Sie, wer an dieser Sitzung mit welchem Recht teilnehmen darf.

1. An dieser Sitzung darf nur der JAV-Vorsitzende teilnehmen und er besitzt auch Stimmrecht.
2. Es darf nur der JAV-Vorsitzende teilnehmen und er darf nur beraten.
3. An dieser Sitzung darf jedes JAV-Mitglied teilnehmen und hat dabei Stimmrecht.
4. An dieser Sitzung darf jedes JAV-Mitglied teilnehmen. Nur der JAV-Vorsitzende hat ein Stimmrecht.

Situation zu den Aufgaben 19 bis 21

Sie sind weiterhin in der Personalabteilung eingesetzt und unterstützen den Personalleiter. Aufgrund von Absatzproblemen ist die Bill & Eckhardt KG gezwungen, einen Mitarbeiter zu entlassen.

19. Aufgabe

Welche der folgenden Personen genießt einen besonderen Kündigungsschutz?

1. Hans Hecking, 56 Jahre, war bis vor eineinhalb Jahren Mitglied des Betriebsrats.
2. Mandy Musiol, 29 Jahre, brachte vor sechs Monaten ihren ersten Sohn auf die Welt und befindet sich nicht in Elternzeit.
3. Nina Pler, 22 Jahre, schwerbehindert, ist seit vier Monaten bei der Bill & Eckhardt KG angestellt.
4. Markus Maier, 32 Jahre, ist seit zwei Jahren im Betrieb und derzeit in Elternzeit.
5. Carolin Volk, 35 Jahre, ist seit fünf Jahren im Betrieb und Prokuristin.

20. Aufgabe

Bringen Sie die folgenden Schritte im Zusammenhang mit Kündigungen in die richtige Reihenfolge, indem Sie die Ziffern 1 bis 6 in die Kästchen neben den Schritten eintragen. Beginnen Sie mit „Durchführung einer Personalbedarfsplanung“. Übertragen Sie anschließend Ihre senkrecht angeordneten Lösungsziffern in dieser Reihenfolge von links nach rechts in den Lösungsbogen.

☐ Durchführung einer Personalbedarfsplanung
☐ Zugang der Kündigungen bei den gekündigten Mitarbeitern
☐ Ausfertigen der Kündigungsschreiben
☐ Ende des Arbeitsverhältnisses
☐ Auswahl der zu kündigenden Mitarbeiter nach sozialen Gesichtspunkten und Anhörung des Betriebsrates
☐ Festlegung der Anzahl der zu kündigenden Mitarbeiter

21. Aufgabe

Jeder Arbeitnehmer kann nach Beendigung seines Arbeitsverhältnisses von seinem Arbeitgeber ein schriftliches Zeugnis verlangen. Prüfen Sie, welche Feststellung den gesetzlichen Vorschriften *nicht* entspricht.

1. Das qualifizierte Zeugnis muss wohlwollend sein.
2. Ein „qualifiziertes Zeugnis“ informiert über die Leistungen des Arbeitnehmers.
3. Ein „einfaches Zeugnis“ macht Angaben über die Dauer des Arbeitsverhältnisses und die Führung des Arbeitnehmers.
4. Arbeitszeugnisse werden nicht in Absprache mit dem Betriebsrat erstellt.
5. Der Arbeitsgeber muss dem Arbeitnehmer nicht automatisch ein „qualifiziertes Zeugnis“ ausstellen.

22. Aufgabe

Sie wirken in der Personalabteilung unter anderem bei der Lohn- und Gehaltsabrechnung mit. Hierbei müssen sie auch Versicherungspflicht- und Beitragsbemessungsgrenzen beachten. Welche Aussage ist richtig?

1. Bei der Unfallversicherung gilt auch eine Beitragsbemessungsgrenze.
2. Bei der gesetzlichen Krankenversicherung ist zu beachten, dass die Versicherungspflichtgrenze stets der Beitragsbemessungsgrenze entspricht.
3. Bei der gesetzlichen Arbeitslosenversicherung ist keine Beitragsbemessungsgrenze zu berücksichtigen.
4. Bei der gesetzlichen Arbeitslosenversicherung ist als Beitragsbemessungsgrenze höchstens ein Satz von 95 % der Versicherungspflichtgrenze der gesetzlichen Rentenversicherung zugrunde zu legen.
5. Bei der gesetzlichen Pflegeversicherung ist der gleiche Wert der Beitragsbemessungsgrenze wie bei der gesetzlichen Krankenversicherung zu beachten.

23. Aufgabe

Der Bundestag beschließt eine Senkung des Arbeitnehmerpauschbetrages. Welche Schlussfolgerung ergibt sich daraus?

1. Die Senkung des Arbeitnehmerpauschbetrages hat keinen Einfluss auf die Höhe des zu versteuernden Einkommens, wenn nicht höhere Werbungskosten nachgewiesen werden.
2. Werbungskosten bis zur Höhe des Arbeitnehmerpauschbetrages brauchen nicht nachgewiesen werden.
3. Eine Senkung des Arbeitnehmerpauschbetrages führt zur Senkung des zu versteuernden Einkommens.
4. Unabhängig von der Senkung des Arbeitnehmerpauschbetrages sind Werbungskosten immer nachzuweisen.
5. Werbungskosten sind grundsätzlich nur in Höhe des Arbeitnehmerpauschbetrages nachzuweisen.

24. Aufgabe

Prüfen Sie mithilfe des beigefügten Gesetzesauszuges aus dem Einkommensteuergesetz, welche Ausgaben als Sonderausgaben im Rahmen der Einkommensteuererklärung geltend gemacht werden können!

Auszug aus dem EStG

§ 9 Werbungskosten

(1) [1]Werbungskosten sind Aufwendungen zur Erwerbung, Sicherung und Erhaltung der Einnahmen. [2]Sie sind bei der Einkunftsart abzuziehen, bei der sie erwachsen sind. [3]Werbungskosten sind auch

1. Schuldzinsen und auf besonderen Verpflichtungsgründen beruhende Renten und dauernde Lasten, soweit sie mit einer Einkunftsart in wirtschaftlichem Zusammenhang stehen. [2]Bei Leibrenten kann nur der Anteil abgezogen werden, der sich nach § 22 Nummer 1 Satz 3 Buchstabe a Doppelbuchstabe bb ergibt;
2. Steuern vom Grundbesitz, sonstige öffentliche Abgaben und Versicherungsbeiträge, soweit solche Ausgaben sich auf Gebäude oder auf Gegenstände beziehen, die dem Steuerpflichtigen zur Einnahmeerzielung dienen;
3. Beiträge zu Berufsständen und sonstigen Berufsverbänden, deren Zweck nicht auf einen wirtschaftlichen Geschäftsbetrieb gerichtet sind;
4. Aufwendungen des Arbeitnehmers für die Wege zwischen Wohnung und erster Tätigkeitsstätte. [...]
5. notwendige Mehraufwendungen, die einem Arbeitnehmer wegen einer beruflich veranlassten doppelten Haushaltsführung entstehen. [2]Eine doppelte Haushaltsführung liegt nur vor, wenn der Arbeitnehmer außerhalb des Ortes seiner ersten Tätigkeitsstätte einen eigenen Hausstand unterhält und auch am Ort der ersten Tätigkeitsstätte wohnt. [...]

§ 10 Sonderausgaben

(1) Sonderausgaben sind die folgenden Aufwendungen, wenn sie weder Betriebsausgaben noch Werbungskosten sind oder wie Betriebsausgaben oder Werbungskosten behandelt werden:

1. [...]
2. a) Beiträge zu den gesetzlichen Rentenversicherungen oder zur landwirtschaftlichen Alterskasse sowie zu berufsständischen Versorgungseinrichtungen, die den gesetzlichen Rentenversicherungen vergleichbare Leistungen erbringen; [...]
3. Beiträge zu
   a) Krankenversicherungen, soweit diese zur Erlangung eines durch das Zwölfte Buch Sozialgesetzbuch bestimmten sozialhilfegleichen Versorgungsniveaus erforderlich sind und sofern auf die Leistungen ein Anspruch besteht. [2]Für Beiträge zur gesetzlichen Krankenversicherung sind dies die nach dem Dritten Titel des Ersten Abschnitts des Achten Kapitels des Fünften Buches Sozialgesetzbuch oder die nach dem Sechsten Abschnitt des Zweiten Gesetzes über die Krankenversicherung der Landwirte festgesetzten Beiträge. [...]

   b) gesetzlichen Pflegeversicherung (soziale Pflegeversicherung und private Pflege-Pflichtversicherung). [...]

1. Aufwendungen für Fachliteratur
2. Beiträge zur Gewerkschaft
3. Mehraufwendungen für doppelte Haushaltsführung
4. Beiträge zur gesetzlichen Pflegeversicherung
5. Aufwendungen des Arbeitnehmers für die Wege zwischen Wohnung und regelmäßiger Arbeitsstätte

Situation zu den Aufgaben 25 bis 27

Die abgebildete Grafik zeigt modellhaft das Anbieter- und Nachfrageverhalten auf einem vollkommenen Markt.

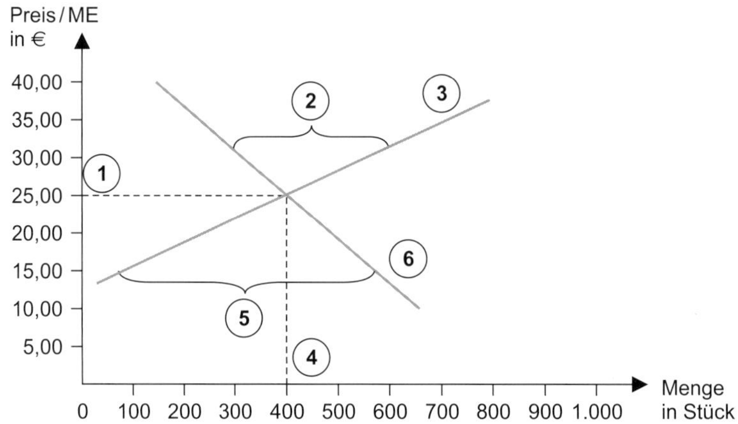

25. Aufgabe

Ermitteln Sie den Marktumsatz.

26. Aufgabe

Stellen Sie fest, welche Kennziffer der abgebildeten Grafik einen Nachfrageüberhang darstellt.

27. Aufgabe

In welchem Fall könnte sich die abgebildete Nachfragekurve (unter sonst gleichen Bedingungen) nach links verschieben?

1. Das verfügbare Einkommen der Haushalte nimmt zu.
2. Der Preis eines Substitutionsgutes sinkt.
3. Der Preis eines Komplementärgutes sinkt.
4. Die Wertschätzung der Konsumenten für das betrachtete Gut erhöht sich.
5. Die Herstellungskosten für das Gut sinken.

28. Aufgabe

Welche der folgenden Situationen trifft zu, wenn die Bill & Eckhardt KG auf einem Käufermarkt anbietet?

1. Einem kleinen Angebot an Spezial-E-Bikes steht eine relativ große Nachfrage gegenüber.
2. Zwischen den Anbietern für E-Bikes herrscht kaum Wettbewerb.
3. Der Markt für E-Bikes weist einen Nachfrageüberhang auf.
4. Die Nachfrage nach E-Bikes ist geringer als das Angebot.
5. Die Preise für E-Bikes steigen kontinuierlich.

29. Aufgabe

Die Bill & Eckhardt KG ist Generaldistributor in Deutschland für einen innovativen Fahrradreifen eines japanischen Herstellers. Folgende Absatzmöglichkeiten sind basierend auf einer Marktanalyse möglich:

Preis/Stück	Mögliche Absatzmenge	Dabei entstehende Gesamtkosten
32,00 €	45.000 Stück	1.350.000 €
36,00 €	35.000 Stück	1.050.000 €
45,00 €	20.000 Stück	990.000 €

Zu welchem Preis muss die Bill & Eckhardt KG das Produkt anbieten, wenn sie Gewinnmaximierung anstrebt?

30. Aufgabe

Welche der folgenden Maßnahmen der Konjunkturpolitik wirkt konjunkturbelebend?

1. Reduzierung öffentlicher Ausgaben
2. Kürzung der Subventionen für energiesparende Produktion
3. Senkung des Umsatzsteuersatzes
4. Senkung der Abschreibungsmöglichkeiten
5. Erhöhung des Einkommensteuersatzes

31. Aufgabe

Welcher Indikator eignet sich am besten als Frühindikator, um eine Konjunkturprognose durchzuführen?

1. Arbeitslosenquote
2. Verbraucherpreisindex
3. Leitzins
4. Auftragseingänge in der Industrie
5. Kapazitätsauslastung

Lösungsbogen

Aufgabe Nr.			
Seite 148	1	2	3
Seite 149	4	5	
Seite 150	6	7	8
Seite 151	9	10	11
Seite 153	12		
Seite 154	13	14	
Seite 155	15	16	
Seite 156	17	18	
Seite 157	19	20	21
Seite 158	22	23	
Seite 159	24		
Seite 160	25 (€ , ct)	26	27
Seite 161	28	29 (€ , ct)	30, 31

100 Punkte
60 Minuten

Teil 3: Kaufmännische Steuerung von Geschäftsprozessen

Tragen Sie die Lösungen der Aufgaben in die Kästchen auf dem Lösungsbogen ein (siehe Seite 181). Die Anzahl der vorgegebenen Lösungskästchen entspricht dabei der Anzahl der richtigen Lösungsziffern. Bei Kontierungsaufgaben ist dies jedoch nicht der Fall! Hier ist die Anzahl der Kästchen auf beiden Seiten gleich. Sie müssen entscheiden, ob die Lösungsziffern auf der Soll- oder auf der Haben-Seite eingetragen werden. Die Reihenfolge der Lösungsziffern auf jeder Kontenseite ist beliebig. Bei Offen-Antwort-Aufgaben (z. B. Rechenaufgaben) tragen Sie das Ergebnis in die Kästchen auf dem Lösungsbogen ein!

1. Aufgabe

Kontieren Sie den abgebildeten Beleg.

1. Warenbezugskosten (302)
2. Verbindlichkeiten aus Lieferungen und Leistungen (171)
3. Vorsteuer (140)
4. Kreditinstitute (131)
5. Fuhrpark (034)
6. Umsatzsteuer (180)
7. Gebühren und sonstige Abgaben (428)

Soll	Haben
☐☐	☐☐

Anlage zu Aufgabe 1

Auto Profis GmbH

Auto Profis GmbH • Nordstraße 12 • 35039 Marburg

Tel.: 06421 4646476
Fax: 06421 4646477
E-Mail: A.P@t-online.de

Bill & Eckhardt KG
Schlossallee 22
35390 Gießen

Ihr Auftrag vom	Bestellnummer	Kundennummer	Datum:
05.10.20XX	21-A13	162743	01.12.20XX

Rechnung Nr. 1333

	EUR
1 Lieferwagen	47.500,00 €
Überführung	250,00 €
Zulassung	120,00 €
Zwischensumme	47.870,00 €
+ 19 % Umsatzsteuer	9.095,30 €
Rechnungsbetrag	**56.965.30 €**

Das Rechnungsdatum entspricht dem Lieferdatum.
Zahlbar innerhalb von 10 Tagen nach Rechnungsdatum unter Abzug von 2 % Skonto vom Rechnungsbetrag oder innerhalb von 30 Tagen ab Rechnungsdatum netto.
Wir wünschen Ihnen eine gute Fahrt!

Geschäftsräume:	Bankverbindung:	Handelsregister:	Geschäftsführer:
Nordstraße 12	Stadtsparkasse Marburg	AG Marburg	M. Kovac
35039 Marburg	IBAN DE99 7015 0000 0009 4598 43	HR B 67845	

USt.-IdNr.:
DE1236233789

2. Aufgabe

Kontieren Sie den abgebildeten Beleg!

1. Kreditinstitute (131)
2. Forderungen aus Lieferungen und Leistungen (101)
3. Vorsteuer (140)
4. Verbindlichkeiten aus Lieferungen und Leistungen (171)
5. Wareneingang (301)
6. Umsatzsteuer (180)
7. Ausgangsfrachten (462)
8. Warenverkauf (801)

Soll	Haben
☐☐	☐☐

Anlage zu Aufgabe 2

Kopie

Bill & Eckhardt

Bill & Eckhardt KG • Schlossallee 22 • 35390 Gießen

Flog GmbH
Kirchstraße 26
48143 Münster

für Sie zuständig:
Abteilung: Verkauf
Tel.: 0641 14567-0
Fax: 0641 14567-82

Bitte bei Zahlung immer angeben:
Belegnummer: 377-492
Belegdatum: 02.06.20XX
Kundennummer: 16233
Versandart: ab Lager
Lieferdatum: 02.06.20XX
ADM: Frau Schulze

Rechnung

Position	Artikelnummer, -bezeichnung	Menge	Einzelpreis in EUR	Gesamtpreis in EUR
1	76579, Golfbälle White Star –10 % Rabatt	50	3,95 €	197,50 € –19,75 €
2	Zustellungspauschale	1	10,00 €	10,00 €
		Zwischensumme:		187,75 €
		USt 19 %		35,67 €
		Rechnungsbetrag:		**223,42 €**

Ware erhalten

Zahlungsziel: 10 Tage abzüglich 2 % Skonto/30 Tage netto

Bill & Eckhardt KG, Sitz Gießen
Handelsregister Amtsgericht Gießen HRA 20 307
Geschäftsführer: Mirko Eckhardt, Christian Bill

Bankverbindung
Stadtsparkasse Gießen
IBAN: DE99 7015 0000 0009 4126 59
BIC: BEGHMSA2NUL
USt-IdNr.: DE987654321

Es gelten unsere Allgemeinen Verkaufs-, Liefer- und Zahlungsbedingungen, die auszugsweise auf der Rückseite ausgedruckt bzw. an der Kasse ausgehängt sind.

Situation zu den Aufgaben 3 und 4

Wir überweisen unserem Lieferanten Top Sports GmbH einen Betrag von 805,56 € mit dem Vermerk „abzüglich 2 % Skonto“.

3. Aufgabe

Berechnen Sie den ursprünglichen Rechnungsbetrag.

4. Aufgabe

Kontieren Sie die Überweisung von unserem Geschäftskonto (siehe Situation zu den Aufgaben 3 und 4).

1. Forderungen aus Lieferungen und Leistungen (101)
2. Kreditinstitute (131)
3. Vorsteuer (140)
4. Umsatzsteuer (180)
5. Verbindlichkeiten aus Lieferungen und Leistungen (171)
6. Lieferantenskonti (308)
7. Warenverkauf (801)
8. Wareneingang (301)

Soll	Haben
☐ ☐ ☐	☐ ☐ ☐

Situation zu den Aufgaben 5 und 6

Die Bill & Eckhardt KG beabsichtigt, einen neuen Lieferwagen zu einem Anschaffungswert von 84.240 € (netto) zu beschaffen. Die Anschaffung erfolgt am 17.09.2022. Die Nutzungsdauer beträgt 9 Jahre.

5. Aufgabe

Kontieren Sie die Abschreibung am Ende des ersten Nutzungsjahres.

1. Fuhrpark (034)
2. Kreditinstitute (131)
3. Kfz-Steuer (422)
4. Kasse (151)
5. Abschreibungen auf Sachanlagen (491)
6. Betriebskosten, Instandhaltung (470)
7. Forderungen aus Lieferungen und Leistungen (101)

Soll	Haben
☐	☐

6. Aufgabe

Ermitteln Sie den Abschreibungsbetrag zum 31.12.2022.

7. Aufgabe

Ordnen Sie nachstehende Geschäftsfälle den entsprechenden Bilanzkonten zu. Ordnen Sie zu, indem Sie die Kennziffern von **3 der insgesamt 7 Geschäftsfälle** in die Kästchen neben den Bilanzkonten eintragen!
Übertragen Sie anschließend die senkrecht angeordneten Lösungsziffern in dieser Reihenfolge von links nach rechts in den Lösungsbogen.

Geschäftsfälle	Bilanzkonten
❶ Der Kostenvoranschlag für einen noch nicht abgeschlossenen Rechtsstreit liegt vor.	☐ Passive Rechnungsabgrenzungsposten
❷ Die Inventurdifferenzen wurden noch nicht buchhalterisch erfasst.	☐ Sonstige Verbindlichkeiten
❸ Die Dezembermiete für einen Lagerraum wurde von uns bis zum 31.12.2022 noch nicht bezahlt.	☐ Rückstellungen
❹ Die Grundsteuer wurde im Voraus bezahlt.	
❺ Wir haben eine offene Lieferrechnung noch nicht bezahlt.	
❻ Die Umsatzsteuerüberweisung für November 2022 an das Finanzamt wurde im Dezember 2022 überwiesen.	
❼ Die Monatsmiete einer vermieteten Halle für die Monate Oktober 2022 bis Februar 2023 ging am 05.10.2022 auf unserem Bankkonto ein.	

8. Aufgabe

Kontieren Sie die abgebildete Gutschrift.

1. Umsatzsteuer (180)
2. Nachlässe von Lieferanten (306)
3. Lieferantenboni (307)
4. Nachlässe an Kunden (806)
5. Forderungen aus Lieferungen und Leistungen (101)
6. Kreditinstitute (131)
7. Vorsteuer (140)
8. Verbindlichkeiten aus Lieferungen und Leistungen (171)

Soll	Haben
☐☐	☐☐

Anlage zu Aufgabe 8

Kopie

Bill & Eckhardt

Bill & Eckhardt KG • Schlossallee 22 • 35390 Gießen

Sport Becker GmbH
Kirchstraße 26
81371 München

für Sie zuständig:
Abteilung: Verkauf
Tel.: 0641 14567-0
Fax: 0641 14567-82

Bitte bei Zahlung immer angeben:
Belegnummer: 257-839
Belegdatum: 26.11.20XX
Kundennummer: 33214
Versandart: ab Lager
Lieferdatum: 20.11.20XX
ADM: N. Müller

Gutschrift

Ihr Auftrag: 17229

Position	Artikelnummer, -bezeichnung	Einzelpreis in EUR	Gesamtpreis in EUR
1	Ihnen wurden am 20.11.2022 versehentlich statt der bestellten Fußbälle Mondo die Fußbälle Major geliefert. Da Sie Major ebenfalls verwenden können, behalten Sie, wie telefonisch besprochen, die Ware und erhalten von uns eine Gutschrift über 10 % des abgerechneten Betrages.		72,40 €

Zwischensumme:	72,40 €
USt 19 %	13,76 €
Rechnungsbetrag:	**86,16 €**

Den Endbetrag schreiben wir Ihrem Konto gut.

Bill & Eckhardt KG, Sitz Gießen
Handelsregister Amtsgericht Gießen HRA 20 307
Geschäftsführer: Mirko Eckhardt, Christian Bill

Bankverbindung
Stadtsparkasse Gießen
IBAN: DE99 7015 0000 0009 4126 59
BIC: BEGHMSA2NUL
USt-IdNr.: DE987654321

Es gelten unsere Allgemeinen Verkaufs-, Liefer- und Zahlungsbedingungen, die auszugsweise auf der Rückseite ausgedruckt bzw. an der Kasse ausgehängt sind.

Situation

Die Bill & Eckhardt KG möchte ihr Sortiment erweitern. Unter dem neuen Geschäftsbereich „Fitness im Alter" bestellte sie bei dem neuen Lieferanten „Physio Expert GmbH" folgende Artikel:

1. Thera Band
2. Balance Kissen
3. Black Roll

9. Aufgabe

Kontieren Sie den abgebildeten Beleg (vgl. S. 172) bei Rechnungseingang.

1. Forderungen aus Lieferungen und Leistungen (101)
2. Verbindlichkeiten aus Lieferungen und Leistungen (171)
3. Kreditinstitute (131)
4. Vorsteuer (140)
5. Warenbezugskosten (302)
6. Umsatzsteuer (180)
7. Wareneingang (301)
8. Warenverkauf (801)

Soll	Haben
☐☐☐	☐☐☐

Anlage zu Aufgabe 9

Physio Expert

Physio Expert GmbH, Malikali Straße 35, 35390 Gießen

Bill & Eckhardt KG
Schlossallee 22
35390 Gießen

Eingegangen am
07.11.20XX
Bill & Eckhardt KG

Rechnung

Bitte bei allen Fragen und Zahlungen angeben:

Rechnungsnummer: 21733 **Lieferscheinnummer:** 21 A 1809
Lieferdatum: 06.11.20XX **Kunden-Nr.:** BEKG-20XX

Ihre Zeichen:	Ihr Auftrag vom:	Unsere Zeichen:	Datum:
ZEC	02.11.20XX	BEN	06.11.20XX

Wir lieferten Ihnen zu unseren allgemeinen Geschäftsbedingungen:

Pos.	**Bezeichnung**	**Menge**	**Einzelpreis**	**Gesamtpreis**
1	Thera Band	50	7,95 €	397,50 €
2	Balance Kissen	25	29,95 €	748,75 €
3	Black Roll	50	14,99 €	749,50 €
4	Versandkosten			9,95 €
Gesamtpreis netto				1.905,70 €
Umsatzsteuer 19 %				362,08 €
Gesamtpreis brutto				**2.267,78 €**

Zahlungsbedingungen:
Zahlung innerhalb von 30 Tagen ab Rechnungseingang netto Kasse

Geschäftsräume:	Bankverbindung:	Handelsregister:	Geschäftsführer:
Malikali Straße 35	Commerzbank AG, Gießen	AG Gießen	Herbert Lukner
35390 Gießen	Konto 435 46 000, BLZ 513 400 13	HR B 78945	

Steuernummer: 2356/7678/956 USt-IdNr.: DE128966421

10. Aufgabe

Ihnen liegt folgende Abbildung vor:

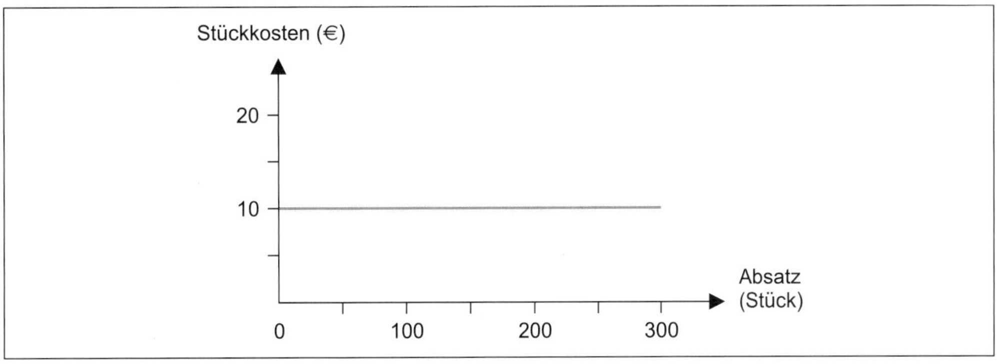

Stellen Sie fest, welcher Kostenbegriff auf die dargestellte Kostenfunktion zutrifft!

1. Fixe Stückkosten
2. Proportionale Stückkosten
3. Fixe Gesamtkosten
4. Variable Gesamtkosten
5. Progressive Stückkosten

11. Aufgabe

Die im Unternehmen anfallenden Kosten lassen sich in Abhängigkeit vom Beschäftigungsgrad in fixe und variable Kosten einteilen. Ordnen Sie zu, indem Sie die jeweils zutreffenden Kennziffern der **beiden Kostenarten** in Abhängigkeit vom Beschäftigungsgrad in die Kästchen neben den **sechs Kosten** eintragen! Übertragen Sie anschließend ihre senkrecht angeordneten Lösungsziffern in dieser Reihenfolge von links nach rechts in den Lösungsbogen.

Kostenarten in Abhängigkeit vom Beschäftigungsgrad	**Kosten**
❶ Fix	☐ Monatsmiete für das Lager
❷ Variabel	☐ Wareneinsatz
	☐ Pauschale Feuerversicherungsprämie
	☐ Provision für den Außendienstmitarbeiter
	☐ Ausgangsfrachten
	☐ Gehalt für die Lagerleiterin

Situation zu den Aufgaben 12 bis 14

In der Bill & Eckhardt KG liegen zum Geschäftsjahresende folgende Daten jeweils in Tausend Euro (Tsd. EUR) vor:

1. Abschreibungen 1.500
2. Bankguthaben 560
3. Betriebs- und Geschäftsausstattung 380
4. Forderungen 760
5. Fuhrpark 700
6. Gebäude 2.000
7. Langfristige Darlehensschulden 5.100
8. Personalaufwand 12.000
9. Sonstige Aufwendungen 4.800
10. Sonstige Erträge 5.000
11. Verbindlichkeiten 750
12. Warenbestand 600
13. Wareneinsatz 25.600
14. Warenverkaufserlöse 60.000

12. Aufgabe

Ermitteln Sie das Fremdkapital in Tausend Euro.

13. Aufgabe

Ermitteln Sie den Warenrohgewinn in Tausend Euro.

14. Aufgabe

Ermitteln Sie den Jahresüberschuss/Reingewinn in Tausend Euro.

15. Aufgabe

Ein Lieferwagen (Anschaffungswert 50.000 €, Nutzungsdauer 7 Jahre) wird von der Bill & Eckhardt KG für 24 Monate geleast. Geben Sie an, welchen Nachteil dieses Leasingverfahren bietet.

1. Die Bill & Eckhardt KG ist Eigentümer des Lieferwagens.
2. Die Bill & Eckhardt KG kann jederzeit problemlos aus dem Leasingvertrag aussteigen.
3. Der Lieferwagen kann nicht als Sicherheit für einen weiteren Kredit dienen.
4. Zur Finanzierung des Anschaffungswertes muss die Bill & Eckhardt KG einen Kredit aufnehmen.
5. Die Bill & Eckhardt KG hat keine Dauerbelastung mit Fixkosten.

16. Aufgabe

Im Zusammenhang mit geplanten Investitionen analysieren Sie für die Bill & Eckhardt KG mehrere Möglichkeiten der Kreditsicherung.
Ordnen Sie zu, indem Sie die Kennziffern von **drei der insgesamt sechs Sicherungsarten** in die Kästchen neben den Kreditsicherungen eintragen! Übertragen Sie anschließend Ihre senkrecht angeordneten Lösungsziffern in dieser Reihenfolge von links nach rechts in den Lösungsbogen.

Sicherungsarten	Kreditsicherungen
❶ Der Schuldner überträgt dem Gläubiger das Eigentum an Vermögensteilen, die in seinem Besitz bleiben.	☐ Sicherungsübereignung
❷ Als Sicherheit dient ein Grundstück.	☐ Bürgschaft
❸ Der Schuldner tritt Forderungen an den Gläubiger ab.	☐ Grundschuld
❹ Eine dritte Person verpflichtet sich, für die Verbindlichkeiten des Schuldners gegenüber seinem Gläubiger einzustehen, wenn dieser (der Schuldner) diese nicht begleichen kann.	
❺ Eine Warenlieferung erfolgt unter Eigentumsvorbehalt.	
❻ Der Schuldner übergibt dem Kreditgeber Wertgegenstände als Pfand, z. B. Wertpapiere.	

17. Aufgabe

Sie sind während Ihrer Ausbildung in der Abteilung Finanzwesen eingesetzt, dabei unterstützen Sie die Mitarbeiter*innen bei sachlichen Abgrenzungen. Prüfen Sie, wie sich **Zusatzkosten** auswirken.

1. Sie wirken sich auf die Abgrenzungsrechnung und auf das Betriebsergebnis aus.
2. Sie wirken sich direkt auf das Gesamtergebnis und das Ergebnis aus unternehmensbezogenen Abgrenzungen aus.
3. Sie wirken sich nur auf das Gesamtergebnis aus, da Zusatzkosten für betriebsfremde Aufwendungen kalkuliert werden.
4. Sie wirken sich nur auf das Betriebsergebnis aus.
5. Sie wirken sich auf das Ergebnis aus unternehmensbezogenen Abgrenzungen und auf das Ergebnis aus kosten- und leistungsrechnerischen Korrekturen aus.

18. Aufgabe

Ordnen Sie zu, indem Sie die Kennziffern der **sechs Sachverhalte** in die Kästchen neben den **sechs Aussagen** eintragen! Übertragen Sie anschließend Ihre senkrecht angeordneten Lösungsziffern in dieser Reihenfolge von links nach rechts in den Lösungsbogen.

Sachverhalte

1. Sie haben einen Endstand.
2. Der Saldo steht in der Regel im Soll und wird auf das Gewinn- und Verlust-Konto übertragen.
3. Sie haben ihren Anfangsbestand auf der Sollseite.
4. Ihre Salden werden im Soll des Gewinn- und Verlust-Kontos gesammelt.
5. Der Anfangsbestand steht im Haben.
6. Sie sind Unterkonten des Eigenkapitalkontos.

Aussagen

- ☐ Trifft nur auf aktive Bestandskonten zu.
- ☐ Trifft nur auf passive Bestandskonten zu.
- ☐ Trifft sowohl auf aktive als auch auf passive Bestandskonten zu.
- ☐ Trifft nur auf Aufwandskonten zu.
- ☐ Trifft nur auf Ertragskonten zu.
- ☐ Trifft sowohl auf Aufwandskonten als auch auf Ertragskonten zu.

19. Aufgabe

Die Bill & Eckhardt KG führt Fußballschuhe im Sortiment. Dazu zählt auch das Modell „Messi“. Aus Wettbewerbsgründen ist die Bill & Eckhardt KG gezwungen, den Listenverkaufspreis auf 70,00 € (netto) festzusetzen und ihren Kunden dabei 10 % Rabatt und 3 % Skonto zu gewähren. Der Bezugspreis (netto) beträgt 45,00 € pro Stück. Pro Paar Fußballschuhe fallen variable Handlungskosten in Höhe von 10,00 € an.
Ermitteln Sie den Deckungsbeitrag pro Paar Fußballschuhe, wenn der Kunde alle Konditionen ausnutzt!

20. Aufgabe

Kontieren Sie den abgebildeten Beleg.

1. Verbindlichkeiten gegenüber Kreditinstituten (Darlehensschulden) (082)
2. Kreditinstitute (131)
3. Beiträge (427)
4. Sonstige Verbindlichkeiten (194)
5. Zinsen und ähnliche Aufwendungen (210)
6. Gebühren und sonstige Abgaben (428)
7. Kosten des Geldverkehrs (486)

Soll	Haben
☐☐	☐☐

Anlage zu Aufgabe 20

Abrechnung zum Darlehenskonto Nr.: **6789078931**

Stadtsparkasse Gießen
Flurererstraße 18
35390 Gießen
Telefon: 0641 45681248

vom 1. März 20XX bis zum 3. April 20XX

Bill & Eckhardt KG
Schlossallee 22
35390 Gießen

Dieser Buchungsbeleg wurde maschinell erstellt und gilt ohne Unterschrift als Nachweis gegenüber dem Finanzamt. Bitte prüfen Sie die Buchung sowie die Restschuld und teilen Sie uns evtl. Beanstandungen unverzüglich mit.

8. April 20XX

Darlehenstilgung/Endabrechnung

Buchungstag	Wert	PN	Text/Buchungsvorgänge	Darlehenssaldo und Umsätze S = Soll
	28.02.XX	934	Vortrag EUR	25.000,00 S
03.04.XX	03.04.XX	972	Zinsen EUR	279,88 S
03.04.XX	03.04.XX	971	Tilgung und Kontoausgleich durch Abbuchung vom Girokonto IBAN: DE53 6815 0000 0009 4006 49 in EUR	25,279,88
03.04.XX	03.04.XX	934	Endsaldo EUR	0,00

Ihr Darlehenskonto ist durch die Buchung am 3. April 20XX ausgeglichen.
Das Konto wird zum 30. April 20XX aufgelöst.

Mit freundlichen Grüßen
gez. Forderer, Kreditsachbearbeiter
Stadtsparkasse Gießen

21. Aufgabe

Bringen Sie die folgenden Arbeitsschritte beim Jahresabschluss in die richtige Reihenfolge, indem Sie die Ziffern 1 bis 4 in die Kästchen neben den Arbeitsschritten eintragen! Übertragen Sie anschließend Ihre senkrecht angeordneten Lösungsziffern in dieser Reihenfolge von links nach rechts in den Lösungsbogen!

☐ Abschluss des GuV-Kontos
☐ Abschluss der Erfolgskonten
☐ Vorbereitende Abschlussbuchungen
☐ Abschluss der Bestandskonten über das Schlussbilanzkonto

22. Aufgabe

Im letzten Geschäftsjahr wurde im Bereich der Verwaltungskosten eine Budgetierung vorgenommen. Diese betrug 12 % vom Umsatz und erwies sich im Nachhinein als richtig. Im aktuellen Geschäftsjahr wird mit einem Umsatz von 4 Millionen Euro gerechnet. Die Preissteigerungsrate wird auf 2 % geschätzt.
Ermitteln Sie das Budget für die Verwaltungskosten im laufenden Geschäftsjahr.

Situation zu den Aufgaben 23 bis 26

Zum aktuellen Jahresabschluss liegen Ihnen die abgebildeten Konten der Bill & Eckhardt KG vor (Beträge in €). Der Warenbestand laut Inventur beträgt: 720.000 €

Vorsteuer (140)

Soll	Haben
770.000	

Umsatzsteuer (180)

Soll	Haben
	940.000

Wareneingang (301)

Soll	Haben
14.270.000	

Warenbezugskosten (302)

Soll	Haben
520.000	

Warenbestände (390)

Soll	Haben
800.000	

Warenverkauf (801)

Soll	Haben
	28.420.000

23. Aufgabe

Stellen Sie fest, welcher abschließende Buchungssatz *richtig* wiedergegeben ist!

1. Warenbezugskosten (302) 360.000 € an Wareneingang (301) 360.000 €
2. Schlussbilanzkonto (940) 720.000 € an Warenbestände (390) 720.000 €
3. Vorsteuer (140) 770.000 € an Umsatzsteuer (180) 770.000 €
4. Umsatzsteuer (180) 722.000 € an Vorsteuer (140) 722.000 €
5. Warenbestände (390) 170.000 € an Wareneingang (301) 170.000 €
6. Warenbestände (390) 80.000 € an Wareneingang (301) 80.000 €

24. Aufgabe

Ermitteln Sie den Wareneinsatz.

25. Aufgabe

Ermitteln Sie den Warenrohgewinn.

26. Aufgabe

Ermitteln Sie die Zahllast.

Situation zu den Aufgaben 27 bis 28

Als Mitarbeiter*in der Bill & Eckhardt KG sind Sie in der Abteilung Controlling für die Bearbeitung der Daten der Warengruppe Golf zuständig. Es liegen Ihnen folgende Daten des letzten Abrechnungszeitraumes vor:

Fixe Kosten: 20.000,00 €					
Artikel/ Lieferer	Eingekaufte Menge	Einstandspreis pro Stück	Verkaufte Menge in Stück	Verkaufspreis pro Stück	DB pro Stück
Golf 2000	800	180,00 €	650	250,00 €	35,00 €
Birdie	570	60,00 €	490	95,00 €	15,00 €

27. Aufgabe

Errechnen Sie die variablen Kosten pro Stück des Artikels „Birdie“.

28. Aufgabe

Ermitteln Sie das Betriebsergebnis der Warengruppe Golf.

Lösungsbogen

Aufgabe Nr.	
Seite 165	1 Soll / Haben
Seite 167	2 Soll / Haben
Seite 168	3 € , ct — 4 Soll / Haben — 5 Soll / Haben
Seite 169	6 € , ct — 7 — 8 Soll / Haben
Seite 171	9 Soll / Haben
Seite 173	10 — 11
Seite 174	12 T€ , ct — 13 T€ , ct
Seite 175	14 T€ , ct — 15 — 16
Seite 176	17 — 18 — 19 € , ct
Seite 177	20 Soll / Haben
Seite 178	21 — 22 € , ct
Seite 179	23 — 24 € , ct — 25 € , ct
Seite 180	26 € , ct — 27 € , ct — 28 € , ct

Lösungen

Teil 1: Prozessorientierte Organisation von Großhandelsgeschäften

___ von 3

1.1 *Hinweis: Zum Erreichen der vollen Punktzahl genügen drei Nennungen.*
- Nahe an der Autobahn (A7)
- Kassel als relativ große Stadt (viele Kunden/hohe Nachfrage)
- Nahe an der Fulda (Binnenhafen/Anlieferung)
- Zentral in Deutschland (gut erreichbar für Lieferanten und Kunden aus allen Richtungen)

___ von 4

1.2.1 Die erfassten Informationen sind im Normalfall genauer und aktueller als beispielsweise bei einer Onlinebefragung. Im persönlichen Gespräch können individuelle Aspekte erfasst werden (z. B. Produktwünsche, Servicewünsche).
Ein persönlicher Kontakt mit dem Außendienstler/der Außendienstlerin ermöglicht Nachfragen der potenziellen Kundinnen und Kunden; Missverständnisse, die beispielweise in der Fragestellung auftreten, können sofort geklärt werden.

___ von 4

1.2.2 Bei einer Befragung durch einen Dienstleister wird kein eigenes Personal gebunden/werden weniger betriebliche Ressourcen gebunden. Dadurch ist das Vorgehen sehr zeit- und kosteneffizient.
Spezialisierte Dienstleister können zudem ihr Expertenwissen nutzen und somit hochwertige Ergebnisse produzieren.

___ von 2

1.3 *Hinweis: Zum Erreichen der vollen Punktzahl genügen zwei Nennungen.*
- Plakatwerbung, Litfaßsäule in der Region
- Werbebriefe/Werbemails an potenzielle Kunden
- Beilage in Zeitungen/Fachzeitschriften/Annoncen

___ von 10

2.1 *Hinweis: Kalkulationsschema auflisten ohne Werte (erste Spalte): 1 Punkt. Angebot 1 = Alles fürs Rad AG, Angebot 2 = Fahrradreifen Meier GmbH.*

		Angebot 1 (€)		Angebot 2 (€)
Listeneinkaufspreis pro Stück		4,50		4,25
– Liefererrabatt	10 %	0,45	kein	0,00
Zieleinkaufspreis pro Stück		4,05		4,25
– Liefererskonto	2 %	0,08	2 %	0,09
Bareinkaufspreis pro Stück		3,97		4,16
Bareinkaufspreis für 145 Stück		575,65		603,20
+ Bezugskosten für 145 Stück	3 × 5 €	15,00	keine	0,00
Bezugspreis pro Stück		590,65		603,20

___ von 3 **2.2** Laut den beigelegten AGB sind sämtliche Angebote der Alles fürs Rad AG „freibleibend“. Dies bedeutet, dass sowohl Preis, Menge als auch Lieferzeit unverbindlich sind. Das Angebot ist also lediglich eine Anpreisung im rechtlichen Sinne, an die sich der Lieferant nicht gebunden fühlen muss. Die Bestellung der Bill & Eckhardt KG ist ein Antrag, der durch die Alles fürs Rad AG angenommen werden muss, damit ein gültiger Kaufvertrag zustande kommt.

___ von 2 **2.3** *Hinweis: Zum Erreichen der vollen Punktzahl genügen zwei Nennungen.*

- Kostenlose Lieferung, also auch Bestellung in Kleinstmengen möglich (Lieferung „frei Haus“)
- Lieferer übernimmt das Transportrisiko (Lieferung „auf unsere Gefahr“)
- Lieferung hochwertiger Markenreifen mit Pannenschutz (Alles fürs Rad AG liefert die Hausmarke ohne Pannenschutz)
- Angebot ist verbindlich (keine Freizeichnungsklausel enthalten)
- Längeres Zahlungsziel (30 Tage statt 14 Tage)
- Nur einfacher Eigentumsvorbehalt (bei Alles fürs Rad AG erweiterter Eigentumsvorbehalt laut AGB)
- Kurzer Transportweg (geringeres Transportrisiko)

___ von 2 **2.4** *Hinweis: Zum vorrangigen Recht zählen Nachbesserung und Ersatzlieferung. Bei beidem hat der Käufer außerdem die Möglichkeit, Schadenersatz neben der Leistung zu fordern. Wird nach einer angemessenen Nachfrist die Nacherfüllung nicht geleistet oder ist die Nachbesserung zweimal fehlgeschlagen, kann der Käufer nachrangige Rechte geltend machen, z. B. Kaufpreisminderung, Rücktritt vom Kaufvertrag.*

- Die Bill & Eckhardt KG kann vom Kaufvertrag zurücktreten
  oder
- die falsch gelieferte Ware annehmen, einen Preisnachlass für die 20 falsch gelieferten Reifen aushandeln und versuchen, die Reifen zu verkaufen.

___ von 9

3 *Hinweis: Zu bewertende Inhalte: Adressatenfeld, Datum, Betreff, Anrede, Schlüssige Formulierung der relevanten Inhalte, Grußformel und Unterschrift, Formale Richtigkeit*

Bill & Eckhardt

Bill & Eckhardt KG • Schlossallee 22 • 35390 Gießen

AllTerrainBikes
Gießener Straße 12
34123 Kassel

Gießen, den 17.01.20XX

Lieferverzug

Sehr geehrte Damen und Herren,

am 04.01.20XX bestellten wir bei Ihnen 5 E-Bikes der Premiummarke DownHill zur Lieferung am 15.01.20XX. Leider konnten wir bis heute keinen Wareneingang feststellen.

Da wir die E-Bikes für unsere Hausmesse dringend benötigen, wurde mit Ihnen ein Fixkauf zum oben genannten Termin vereinbart. Da Sie nicht rechtzeitig geliefert haben, machen wir von unserem sofortigen Rücktrittsrecht Gebrauch.
Darüber hinaus haben wir bei einem Mitbewerber die gleichen E-Bikes bestellt. Diese werden pünktlich geliefert. Wir fordern von Ihnen in diesem Zusammenhang den Schadenersatz für entstandene Mehrkosten, da wir uns gezwungen sahen, diesen Deckungskauf vorzunehmen.

Mit freundlichen Grüßen

[Ihr Vorname, Ihr Nachname]

Bill & Eckhardt KG, Sitz Gießen Handelsregister Amtsgericht Gießen HRA 20 307 Geschäftsführer: Mirko Eckhardt, Christian Bill	Bankverbindung Stadtsparkasse Gießen IBAN: DE99 7015 0000 0009 4126 59 BIC: BEGHMSA2NUL USt-IdNr.: DE987654321

___ von 4

4.1 *Hinweis: Zum Erreichen der vollen Punktzahl genügen je zwei Nennungen.*

Vorteile des Eigentransports:

- Unabhängigkeit von externen Dienstleistern
- höhere Kundenbindung (durch eigenes Personal, Wahrnehmung durch die Kunden)
- Möglichkeiten flexiblerer Anpassung an Veränderungen
- Werbung (z. B. auf LKW-Planen)

Nachteile des Eigentransports:

- höhere Fixkosten (das Gehalt muss gezahlt werden, egal wie viel ausgeliefert wird; außerdem entstehen Kosten für den Fuhrpark)
- volles Transportrisiko
- Kostennachteile insgesamt (z. B. durch nicht voll ausgelastete Touren)

___ von 2 **4.2** Der Spediteur (z. B. Logistikfirma, Speditionsfirma) organisiert die Güterbeförderung mithilfe von Frachtführern/durch Frachtführer. Der Frachtführer (z. B. Fahrer des LKW) ist der tatsächliche Transporteur, der gewerbsmäßig die Güter transportiert.

___ von 4 **4.3** *Hinweis: Jeweils zwei Nennungen reichen.*

Rechte des Frachtführers	Pflichten des Frachtführers
• Recht auf Erhalt der Zahlung • Pfandrecht am Beförderungsgut • Auslagenerstattung • Übergabe der Begleitpapiere	• Mangelfreie Auslieferung • Haftung bei Verlust, Beschädigung etc. • Befolgen der Weisungen des Absenders • Fristgerechte Beförderung • Sachgerechte Beförderung • Sichere Verladung der Güter

___ von 4 **4.4** *Hinweis: Zum Erreichen der vollen Punktzahl genügen vier Nennungen.*

- zu erwartender oder gemeldeter Stau
- Verfügbarkeit des Fahrers
- Zeitfenster für die Anlieferung beim Kunden
- Wettervorhersage
- Baustellen
- Lenk- und Ruhezeiten
- Priorität des Kunden
- Entlademöglichkeiten
- Fahrzeugausfall

___ von 5 **4.5** Eigentransport: 3.200 + 2x Fremdtransport: 2,4x x = Kilometer

Gleichsetzen und nach x auflösen:

$3.200 + 2x = 2{,}4x \quad | -2x$

$3.200 = 0{,}4x \quad | :0{,}4$

8.000 = x

Bei einer Kilometerleistung von 8.000 km monatlich kosten beide Transportarten gleich viel. Wenn mehr als 8.000 km monatlich gefahren werden, ist der Eigentransport günstiger. Werden hingegen weniger als 8.000 km gefahren, dann lohnt sich aus Kostensicht der Fremdtransport.

Skizze (nicht gefordert)

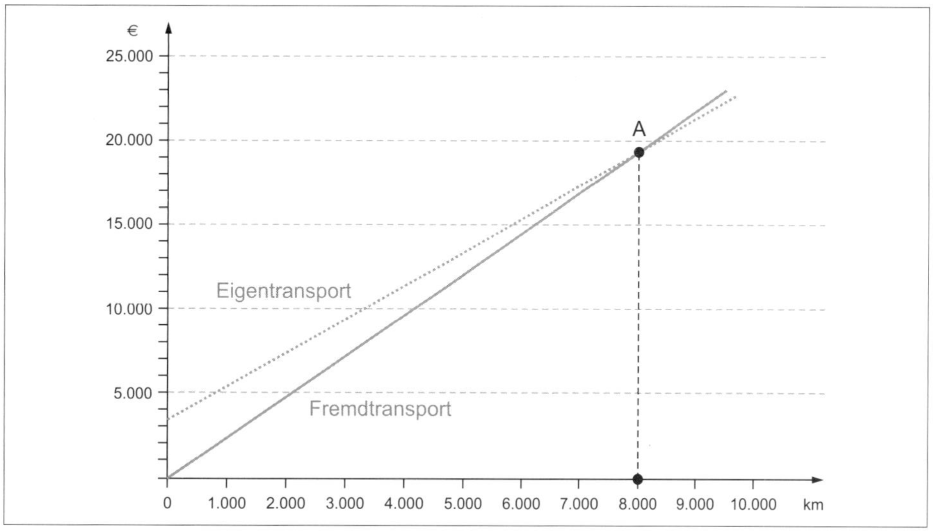

____ von 3 **5.1** *Hinweis: Zum Erreichen der vollen Punktzahl genügt es, drei Funktionen der Lagerhaltung zu nennen und zu erläutern, z. B.:*

- Zeitüberbrückungsfunktion: Überbrückung der Zeit zwischen Beschaffung und Absatz (ständige Lieferbereitschaft)
- Mengenausgleichsfunktion: Einkauf und Lagerung von großen Mengen, Abverkauf von kleinen Mengen
- Veredelungsfunktion: Manche Produkte müssen erst eine Zeit lang gelagert werden, um die nötige Qualität und Reife zu erhalten (Käse, Wein, Bananen).
- Preisausgleichsfunktion: Bei zu erwartendem Preisanstieg kann man größere Mengen günstig kaufen und für diese Zeit bevorraten.

____ von 3 **5.2** *Hinweis: Zum Erreichen der vollen Punktzahl genügt es, je drei Vorteile für Eigenlager und Fremdlager zu nennen, z. B.:*

Vorteile Eigenlager	Vorteile Fremdlager
• direkter Zugriff auf die Ware • schneller Informationsfluss • schnelle Lieferung • kurze Kommunikationswege	• keine Leerkosten, wenn nichts gelagert • keine Kosten für die Lagereinrichtungen • keine Kosten für eigenes Personal • evtl. zusätzliche Dienstleistungen des Lagerhalters • z. B. Speziallager für Kühlung oder Gefahrstoffe

____ von 5 **5.3** *Hinweis: Durch Gleichsetzen erhält man die Fläche, bei der Kostengleichheit herrscht.*

Kosten Eigenlagerung = Kosten Fremdlagerung

$(5.200 + 4.400 + 100) + 31{,}50x = 80x$

$9.700 + 31{,}50x = 80x \quad | -31{,}50x$

$9.700 = 48{,}50x \quad | :48{,}50$

200 = x

Ab einer Lagerfläche von mehr als 200 m^2 ist die Eigenlagerung kostengünstiger.

___ von 4 **5.4.1** *Hinweis: Zum Erreichen der vollen Punktzahl genügen zwei Vorteile.*
- Entlastung, da die Inventur über das Jahr verteilt wird und nicht den Geschäftsbetrieb einmalig zu stark belastet
- geringerer Aufwand, wenn die Inventur bei geringem Bestand durchgeführt wird (Bestandsaufnahme bei niedrigen Beständen)
- geöffneter Betrieb während der Inventur (keine Umsatzeinbußen)

___ von 3 **5.4.2** *Hinweis: Zum Erreichen der vollen Punktzahl genügen drei Ursachen.*
- Material ist falsch eingelagert
- falsches Material wurde entnommen
- Wareneingang wurde falsch erfasst
- falsche Mengeneinheit wurde beim Zählen verwendet
- menschlicher Fehler beim Zählen
- Material befindet sich an falschen Stellen im Lager
- Material aufgrund von Schaden vernichtet; Vernichtung wurde nicht erfasst
- Diebstahl/Verlust
- Fehler in systemischer Bestandsführung

___ von 3 **5.4.3** *Hinweis: Zum Erreichen der vollen Punktzahl genügen drei Maßnahmen.*
- Lagerorganisation verbessern durch eindeutig belegte Warenbewegung
- Wareneingangsorganisation durch elektronische Erfassung und/oder Vier-Augen-Prinzip verbessern
- Inventur gut vorbereiten und immer im Vier-Augen-Prinzip arbeiten
- Einlagerung durch gesteuertes Warenwirtschaftssystem
- Warenverluste in Menge und Wert systematisch erfassen
- Diebstahlsicherung durch Warensicherung oder Personalkontrollen
- Schulung der Mitarbeiter*innen im Umgang mit dem Warenwirtschaftssystem

___ von 4 **6.1** *Hinweis: CPT = Carriage Paid To (Fracht bezahlt bis).*
Kostenübergang: Der Verkäufer (China Bike Equipment Co., Ltd) trägt alle Kosten bis zum Bestimmungsort (Hamburg).
Der Gefahrenübergang findet bei Übergabe an den ersten Frachtführer statt. Im Beispiel geht das Risiko bei Beladung des Schiffes im Hafen Shanghai auf die Bill & Eckhardt KG über.

___ von 4 **6.2** *Hinweis: Zum Erreichen der vollen Punktzahl genügen zwei Funktionen, z. B.:*
- Beweisfunktion: Die China Bike Equipment Co., Ltd beweist die Übergabe der Ware an die Reederei.
- Legitimationsfunktion: Der Inhaber der Dokumente (Bill & Eckhardt KG) weist seinen Herausgabeanspruch nach.
- Verfügungsfunktion: Der Inhaber der Dokumente kann über die Ware verfügen.
- Dispositionsfunktion: Durch das Konnossement kann das Eigentum an der Ware übertragen werden. Außerdem kann der Frachtführer die Ware auf Anweisung des Absenders anhalten oder zurückgeben. Daraus ergibt sich auch die Sperrwirkung des Konnossements, da der Absender die Aushändigung der Ware an den Empfänger unterbinden kann.

____ von 4 **6.3** DDP = Delivered Duty Paid (geliefert, verzollt)
Die Vereinbarung DDP wäre für die Bill & Eckhardt KG vorteilhafter, da in diesem Fall der Verkäufer alle Kosten bis zum Bestimmungsort (einschließlich Zoll) tragen würde und darüber hinaus der Gefahrenübergang erst am Bestimmungsort im Einfuhrland (Hamburg) auf den Käufer erfolgen würde.

____ von 4 **6.4** Exporteur (China Bike Equipment Co., Ltd):
Gerade im Hinblick auf das Zahlungsversprechen schützt sich die China Bike Equipment Co., Ltd zusätzlich, da neben dem Zahlungsversprechen der Akkreditivbank auch noch ein Zahlungsversprechen der Avisbank (Bank des Exporteurs) gegenüber der China Bike Equipment Co., Ltd erfolgt. Die Avisbank zahlt dann an den Exporteur (China Bike Equipment Co., Ltd), wenn die Akkreditivbank nicht zahlen kann.

Importeur (Bill & Eckhardt KG):
Die Bill & Eckhardt KG als Importeur zeigt damit ihre Bonität gegenüber dem Exporteur und stellt sicher, dass sie nach Bezahlung und Vorlage der Dokumente die Ware erhält.

____ von 2 **6.5** *Hinweis: Die Nennung von zwei Dokumenten genügt zur Erreichung der vollen Punktzahl, z. B.:*

- Handelsrechnung
- Packliste
- Ursprungszeugnis
- Transportdokumente

____ von 2 **6.6** Berechnung des Gesamtbetrages in Euro

Auftragswert: 100 Stück à 600 USD = 60.000 USD
1 Euro = 1,14 USD

$$\frac{60.000 \text{ USD}}{1{,}14} = \mathbf{52.632\ €}$$

____ von 1 **6.7** *Hinweis: Die Nennung einer möglichen Informationsquelle genügt, z. B.:*

- Zollamt
- IHK

So viele Punkte habe ich erreicht: ________

So lange habe ich gebraucht: ________

Teil 2: Wirtschafts- und Sozialkunde

Details zu den Lösungen finden Sie auf den folgenden Seiten.
Pro Aufgabe werden 3,22581 (Gesamtpunktzahl: 100) Punkte vergeben.

Aufgabe Nr.	Lösungen		
Seite 148	1: 3	2: 2	3: 3
Seite 149	4: 3	5: 5 – 4	
Seite 150	6: 1	7: 2	8: 1
Seite 151	9: 3	10: 2	11: 4
Seite 153	12: 15.12.2022		
Seite 154	13: 4	14: 31.12.2025	
Seite 155	15: 1 – 4 – 5 – 3 – 2	16: 11	
Seite 156	17: 12:30	18: 3	
Seite 157	19: 4	20: 1 – 5 – 4 – 6 – 3 – 2	21: 3
Seite 158	22: 5	23: 2	
Seite 159	24: 4		
Seite 160	25: € 10000,00 ct	26: 5	27: 2
Seite 161	28: 4	29: € 36,00 ct	30: 3 / 31: 4

So viele Punkte habe ich erreicht: ________

So lange habe ich gebraucht: ________

Ausführliche Lösungen

_____ P. **1. Aufgabe**

Hinweis: Die erste Zielsetzung verfolgt ein soziales Ziel. Die Ziele 2 und 4 sind zwar ökonomisch, jedoch bedeutet weder ein maximaler Absatz noch die Maximierung des Marktanteils automatisch einen maximalen Gewinn. Ebenso führt die Befriedigung der Kundenbedürfnisse nicht zwangsläufig zu einem Gewinnmaximum.

3 Gewinnmaximierung, um das Unternehmenswachstum zu fördern

_____ P. **2. Aufgabe**

Hinweis: Das ökonomische Ziel der Kostensenkung konkurriert hier mit dem sozialen Ziel der Sicherung von Arbeitsplätzen.

2 Umstrukturierungen zur Kostensenkung führen zur Reduzierung der Belegschaft.

_____ P. **3. Aufgabe**

Hinweis: Man unterscheidet zwischen dem Minimal- und dem Maximalprinzip als ökonomische Prinzipien. Mithilfe des Minimalprinzips soll ein vorgegebenes Ziel (Output) mit möglichst geringem Mitteleinsatz (Input) erreicht werden. Mithilfe des Maximalprinzips wird mit gegebenen Mitteln (Input) versucht, ein maximales Ergebnis (Output) zu erzielen.
Hier ist also das gegebene Ziel (Beschaffung von 600 Riegeln) mit möglichst geringem Einsatz (Bezugskosten) zu erreichen. Dazu werden die Stückpreise berechnet.
Die Antwort 3 ist richtig, da hier der Stückpreis (Einkauf) mit 1,50 € am geringsten ist.

3 200 Stück zu 300 €

_____ P. **4. Aufgabe**

Hinweis: Die Stadt Gießen ist als Kommune eine juristische Person des „öffentlichen Rechts".
AG, GmbH oder eG (eingetragene Genossenschaft) sind juristische Personen des „privaten Rechts". Eingetragene Vereine und Körperschaften ebenso.

3 E-Bike Shop Schnarcher, e.K.

_____ P. **5. Aufgabe**

Rechtsquellen	Rechtliche Normen
❶ Jugendarbeitsschutzgesetz	**5** Arbeitgeber und Betriebsrat arbeiten unter Beachtung der geltenden Tarifverträge vertrauensvoll zusammen.
❷ Berufsbildungsgesetz	
❸ Handelsgesetzbuch	**4** Der Urlaub beträgt jährlich mindestens 24 Wochentage.
❹ Bundesurlaubsgesetz	
❺ Betriebsverfassungsgesetz	
❻ Tarifvertragsgesetz	

6. Aufgabe

____ P.

Hinweis: Angebote richten sich an eine konkrete Person oder Personengruppe. Anpreisungen dagegen sind an die Allgemeinheit gerichtet und unverbindlich.

1 Die Anzeige ist im rechtlichen Sinne kein Angebot, da es sich um eine Anpreisung handelt.

7. Aufgabe

____ P.

Hinweis: Es handelt sich um einen versteckten Mangel, da er bei der Lieferung noch nicht erkennbar war. Die Bill & Eckhardt KG muss gemäß der gesetzlichen Gewährleistung spätestens zwei Jahre nach Lieferungstermin rügen.

2 Sie muss den Mangel unverzüglich, d. h. ohne schuldhaftes Verzögern, nach Entdeckung bei der Fahrradhandel GmbH rügen.

8. Aufgabe

____ P.

Hinweis: Eine KG ist keine juristische Person und somit nicht rechtsfähig.
Als Eigentümer könnten sich die Komplementäre der Bill & Eckhardt KG eintragen lassen. Christian Bill und Mirko Eckhardt sind natürliche Personen und somit rechtsfähig.

1 Dies ist nicht möglich, da die Bill & Eckhardt KG nicht rechtsfähig ist.

9. Aufgabe

____ P.

Hinweis: Da es sich um einen Fixkauf handelt, kommt der Partyservice Lecker & Söhne auch ohne Verschulden in Verzug.

3 Es liegt kein Lieferungsverzug vor, da Lecker & Söhne schuldlos nicht liefern konnte.

10. Aufgabe

____ P.

Hinweis: Hierbei handelt es sich um einen sogenannten Deckungskauf.
Eine Konventionalstrafe (= Vertragsstrafe) hätte bereits beim Vertragsabschluss vereinbart werden müssen. Sie mindern das Problem, das bei abstrakten Schäden der Schaden nur geschätzt werden kann und als Folge gerichtliche Auseinandersetzungen entstehen.

2 Die Bill & Eckhardt KG kann sich die entstandenen Mehrkosten aufgrund der Bestellung bei einem anderen Caterer von Lecker & Söhne erstatten lassen.

11. Aufgabe

____ P.

Hinweis: Der gesetzliche Gerichtsstand für Warenschulden ist der Sitz des Verkäufers, also in diesem Fall Marburg.
Der gesetzliche Gerichtsstand für Geldschulden wäre der Sitz des Käufers, also Gießen.
Das Arbeitsgericht ist zuständig für Streitigkeiten, die im Zusammenhang mit einem Arbeitsverhältnis stehen.
Das Verwaltungsgericht ist zuständig für Streitigkeiten im Bereich des öffentlichen Rechts.

4 Amtsgericht Marburg

____ P. **12. Aufgabe**

Hinweis: Bei Zahlungstermin „sofort fällig" kommt der Käufer/die Käuferin automatisch spätestens 31 Tage nach Fälligkeit und Zugang der Rechnung in Verzug. Wenn dieser Zeitpunkt unsicher ist, kommt ein Kaufmann spätestens 31 Tage nach Erhalt der Ware in Verzug. Da die Lieferung und das Rechnungsdatum hier identisch sind (14.11.2022), beginnt der Verzug am 15.12.2022.

15.12.2022

____ P. **13. Aufgabe**

Hinweis: Die Rechte, die in 1, 2, 3 und 5 genannt werden, sind nachrangige Rechte, die erst bestehen, wenn eine Nachfrist gesetzt wurde und diese abgelaufen ist.

4 Sie kann auf Zahlung des Kaufpreises bestehen und Verzugszinsen verlangen.

____ P. **14. Aufgabe**

Hinweis: Die Verjährungsfrist beginnt erst mit dem Schluss des Jahres, in dem der Anspruch entstanden ist. Also 31.12.2022 plus drei Jahre.

31.12.2025

____ P. **15. Aufgabe**

[1] Stellenausschreibung in den örtlichen Tageszeitungen
[4] Vorbereitung und Zusendung des Ausbildungsvertrages
[5] Eintragung des Ausbildungsverhältnisses in das Verzeichnis der Berufsausbildungsverhältnisse der IHK
[3] Durchführung eines Assessment-Centers
[2] Analyse der schriftlichen Bewerbungsunterlagen

____ P. **16. Aufgabe**

Hinweis: Laura Dühring ist am 01.01.2022 noch nicht 17 Jahre alt und erhält deswegen 27 Urlaubstage pro Kalenderjahr. Da sie ab 01.08.2022 beschäftigt ist, steht ihr der Jahresurlaub anteilig für fünf Monate zu.

$\frac{5}{12} \cdot 27 = 11{,}25$ Tage, also **11 Tage**

____ P. **17. Aufgabe**

Hinweis: Da Jugendliche nicht länger als viereinhalb Stunden hintereinander beschäftigt werden dürfen und Laura um 8:00 Uhr mit der Arbeit beginnt, muss sie spätestens um 12:30 Uhr eine Pause einlegen.

12:30 Uhr

____ P.

18. Aufgabe

Hinweis: An allen Sitzungen des Betriebsrates kann ein Vertreter der JAV teilnehmen. Werden Probleme der Jugendlichen oder Auszubildenden besprochen, kann die gesamte JAV teilnehmen. Betreffen die Beschlüsse im Betriebsrat hauptsächlich minderjährige Arbeitnehmer oder Auszubildende, haben alle teilnehmenden JAV-Vertreter Stimmrecht.

3 An dieser Sitzung darf jedes JAV-Mitglied teilnehmen und hat dabei Stimmrecht.

____ P.

19. Aufgabe

Hinweis: Die anderen Personen besitzen keinen besonderen Kündigungsschutz, da …
- *der Schutz für Betriebsratsmitglieder nur bis zu einem Jahr nach Beendigung dieser Tätigkeit gilt.*
- *Frauen nur vier Monate nach der Entbindung nicht gekündigt werden dürfen.*
- *Schwerbehinderte mindestens sechs Monate im Betrieb sein müssen, bevor sie besonders geschützt sind.*
- *die Funktion „Prokuristin“ keinen besonderen Kündigungsschutz rechtfertigt.*

4 Markus Maier, 32 Jahre, ist seit zwei Jahren im Betrieb und derzeit in Elternzeit.

____ P.

20. Aufgabe

[1] Durchführung einer Personalbedarfsplanung
[5] Zugang der Kündigungen bei den gekündigten Mitarbeitern
[4] Ausfertigen der Kündigungsschreiben
[6] Ende des Arbeitsverhältnisses
[3] Auswahl der zu kündigenden Mitarbeiter nach sozialen Gesichtspunkten und Anhörung des Betriebsrates
[2] Festlegung der Anzahl der zu kündigenden Mitarbeiter

____ P.

21. Aufgabe

Hinweis: Ein „einfaches Zeugnis“ macht zwar Angaben über die Dauer des Arbeitsverhältnisses, aber nicht über die Führung des Arbeitnehmers.

3 Ein „einfaches Zeugnis“ macht Angaben über die Dauer des Arbeitsverhältnisses und die Führung des Arbeitnehmers.

____ P. **22. Aufgabe**

Hinweis:
Zu 1: Eine „Beitragsbemessungsgrenze" ist nicht notwendig, da der Arbeitgeber die Beiträge zur „Unfallversicherung" allein aufbringt.
Zu 2: Die Versicherungspflichtgrenze ist das Einkommen, ab dem sich Angestellte und Arbeiter freiwillig gesetzlich oder privat versichern können. Sie steigt jährlich an und liegt 2019 bei 5.062,50 € brutto pro Monat.
Zu 2/3/4: Die Beitragsbemessungsgrenze gibt an, bis zu welchem Betrag das Arbeitsentgelt eines gesetzlich Versicherten für Beiträge der gesetzlichen Sozialversicherung herangezogen wird. Der Teil des Einkommens, der die jeweilige Grenze übersteigt, bleibt für die Beitragsberechnung außer Betracht. Es gibt eine Grenze für die Renten- und Arbeitslosenversicherung (2019: 6.700 € bzw. 6.150 € (Ost)) und eine für die gesetzliche Kranken- und Pflegeversicherung (2019: 4.537,50 €).

5 Bei der gesetzlichen Pflegeversicherung ist der gleiche Wert der Beitragsbemessungsgrenze wie bei der gesetzlichen Krankenversicherung zu beachten.

____ P. **23. Aufgabe**

Hinweis: Durch die Senkung des Pauschbetrags erhöht sich die Einkommensteuerbelastung des Arbeitnehmers, da nun ein geringerer Betrag an Werbekosten von den Einkünften abgezogen werden kann. Um das Besteuerungsverfahren zu vereinfachen, müssen Werbungskosten bis zur Höhe des Pauschbetrages nicht einzeln nachgewiesen werden. Übersteigen die Werbungskosten den Pauschbetrag, muss der Arbeitnehmer sie auf Nachfrage nachweisen.

2 Werbungskosten bis zur Höhe des Arbeitnehmerpauschbetrages brauchen nicht nachgewiesen werden.

____ P. **24. Aufgabe**

Hinweis: Alle anderen Punkte fallen unter die Rubrik „Werbungskosten".

4 Beiträge zur gesetzlichen Pflegeversicherung

____ P. **25. Aufgabe**

Hinweis: Der Marktumsatz ergibt sich im Marktgleichgewicht, d. h. beim Schnittpunkt der Angebots- mit der Nachfragekurve.

Umsatz = Preis · Menge = 25,00 € · 400 Stück = **10.000,00 €**

____ P. **26. Aufgabe**

Hinweis: Nachfrageüberhang bedeutet, dass bei einem gegebenen Preis die nachgefragte Menge größer als die angebotene ist.

5 Nachfrageüberhang

_____ P. **27. Aufgabe**

Hinweis:
Zu 1: Wenn das verfügbare Einkommen steigt, so steigt auch die Nachfrage und die Kurve verschiebt sich nach rechts.
Zu 2: Güter, die dieselben oder ähnliche Bedürfnisse stillen und deshalb andere Güter ersetzen können, bezeichnet man als Substitutionsgüter (z. B. Butter und Margarine). Wenn der Preis für Margarine sinkt, wird mehr Margarine nachgefragt. Entsprechend sinkt die Nachfrage nach Butter. Dies führt zu einer Verschiebung der Nachfragekurve für Butter nach links.
Zu 3: Wenn der Preis eines Komplementärgutes (Güter, die gemeinsam nachgefragt werden, weil sie sich in ihrem Nutzen ergänzen, z. B. CDs sind Komplementärgüter für CD-Player) sinkt, so wird die Nachfrage nach dem betrachteten Gut steigen.
Zu 4: Erhöht sich die Wertschätzung für ein Produkt, wird es also beliebter, so steigt die Nachfrage nach ihm.
Zu 5: Die Herstellungskosten sind unmittelbar für die Nachfragekurve irrelevant, da sie nur die Angebotskurve betreffen. In diesem Fall würde das Angebot steigen und sich somit die Angebotskurve nach rechts verschieben.

2 Der Preis eines Substitutionsgutes sinkt.

_____ P. **28. Aufgabe**

Hinweis: Ein Käufermarkt liegt vor, wenn ein Angebotsüberhang besteht. Damit die Anbieter ihre Produkte absetzen können, müssen sie die Preise senken.

4 Die Nachfrage nach E-Bikes ist geringer als das Angebot.

_____ P. **29. Aufgabe**

Hinweis: Gesamtgewinn = Absatzmenge · Preis – Gesamtkosten

z. B. 35.000 · 36,00 € – 1.050.000 € = 210.000 €

36,00 €

_____ P. **30. Aufgabe**

Hinweis: Durch steuerliche Entlastungen werden die Verbraucher zum Konsum angeregt, was sich positiv auf die Konjunktur auswirken würde. Alle anderen Maßnahmen wirken konjunkturdämpfend.

3 Senkung des Umsatzsteuersatzes

_____ P. **31. Aufgabe**

Hinweis: Der Leitzins und die Kapazitätsauslastung sind Gegenwartsindikatoren, der Verbraucherpreisindex und die Arbeitslosenquote Spätindikatoren.

4 Auftragseingänge in der Industrie

Teil 3: Kaufmännische Steuerung von Geschäftsprozessen

Details zu den Lösungen finden Sie auf den folgenden Seiten.
Pro Aufgabe werden 3,57143 (Gesamtpunktzahl: 100) Punkte vergeben.

Aufgabe Nr.	Lösungen
Seite 165	**1** Soll: 5, 3 – Haben: [ ], 2
Seite 167	**2** Soll: 2, [ ] – Haben: 6, 8
Seite 168	**3** € 8 2 2 , ct 0 0 — **4** Soll: 5, [ ], [ ] – Haben: 2, 3, 6 — **5** Soll: 5 – Haben: 1
Seite 169	**6** € 3 1 2 0 , ct 0 0 — **7** 7 – 3 – 1 — **8** Soll: 1, 4 – Haben: [ ], 5
Seite 171	**9** Soll: 7, 5, 4 – Haben: [ ], [ ], 2
Seite 173	**10** 2 — **11** 1 – 2 – 1 – 2 – 2 – 1
Seite 174	**12** T€ 5 8 5 0 , ct 0 0 — **13** T€ 3 4 4 0 0 , ct 0 0
Seite 175	**14** T€ 2 1 1 0 0 , ct 0 0 — **15** 3 — **16** 1 – 4 – 2
Seite 176	**17** 1 — **18** 3 – 5 – 1 – 4 – 2 – 6 — **19** € 6 , ct 1 1
Seite 177	**20** Soll: 1, 5 – Haben: [ ], 2
Seite 178	**21** 3 – 2 – 1 – 4 — **22** € 4 8 9 6 0 0 , ct 0 0
Seite 179	**23** 2 — **24** € 1 4 8 7 0 0 0 0 , ct 0 0 — **25** € 1 3 5 5 0 0 0 0 , ct 0 0
Seite 180	**26** € 1 7 0 0 0 0 , ct 0 0 — **27** € 8 0 , ct 0 0 — **28** € 1 0 1 0 0 , ct 0 0

So viele Punkte habe ich erreicht: ________ So lange habe ich gebraucht: ________

Ausführliche Lösungen

___ P.

1. Aufgabe

Hinweis: Anschaffungsnebenkosten werden über das Konto Fuhrpark aktiviert! Sie werden nicht als Aufwand gebucht.

Soll	Haben
[5] [3]	[ ] [2]

___ P.

2. Aufgabe

Hinweis: Der Rabatt und die Zustellungspauschale werden bei Ausgangsrechnungen nicht gesondert gebucht. Die in der Rechnung ausgewiesene Zwischensumme wird über das Konto Warenverkauf verbucht.

Soll	Haben
[2] [ ]	[6] [8]

___ P.

3. Aufgabe

Hinweis: Die 805,56 € der Überweisung sind der Betrag, ***nachdem*** *Skonto von 2 % bereits abgezogen wurde. Also entsprechen die 805,56 € nur 98 % des ursprünglichen Rechnungsbetrags.*

$$\frac{805{,}56\ €}{98} \cdot 100 = \mathbf{822{,}00\ €}$$

___ P.

4. Aufgabe

Hinweis: Wir überweisen zunächst nur den um das Skonto reduzierten Betrag auf das Konto unseres Lieferanten. Der Nettoskontobetrag wird auf das Konto „Lieferantenskonti" gebucht. Die Vorsteuerkorrektur komplettiert den Buchungssatz, damit die Höhe der Vorsteuer wieder 19 % des tatsächlichen (nach Skontoabzug) Rechnungsbetrages entspricht. So entspricht am Ende die Summe der Sollseite wieder der Summe der Habenseite.

Soll	Haben
[5] [ ] [ ]	[2] [3] [6]

___ P.

5. Aufgabe

Hinweis: Das Konto Abschreibungen auf Sachanlagen (491) stellt ein Aufwandskonto dar (daher die Buchung im Soll), das Gegenkonto Fuhrpark (034) wird als aktives Bestandskonto auf der Habenseite um den entsprechenden Betrag gemindert.

Soll	Haben
[5]	[1]

____ P.

6. Aufgabe

84.240,00 € : 9 Jahre (Nutzungsdauer) = 9.360,00 € (jährlicher Abschreibungsbetrag)
9.360,00 € : 12 Monate = 780,00 € (monatlicher Abschreibungsbetrag)
780,00 € · 4 Monate (September, Oktober, November, Dezember) = 3.120,00 €

Abschreibungsbetrag = **3.120,00 €**

____ P.

7. Aufgabe

Hinweis:
Zu Passive Rechnungsabgrenzung (Fall 7): Die Einnahmen für Erträge im Folgejahr fließen bereits im aktuellen Geschäftsjahr.
Zu Sonstige Verbindlichkeiten (Fall 3): Die Ausgabe für Aufwendungen im aktuellen Geschäftsjahr fließt erst im Folgejahr.
Zu Rückstellungen (Fall 1): Da die genaue Höhe der Kosten für den Rechtsstreit und das genaue Datum, wann der Rechtsstreit abgeschlossen und die eventuelle Strafe zu zahlen ist, noch nicht bekannt sind, werden Rückstellungen gebildet. Der Kostenvoranschlag muss nicht exakt den tatsächlichen Kosten entsprechen.
Alle anderen Geschäftsfälle sind nicht geschäftsjahrübergreifend und müssen daher nicht abgegrenzt werden.

7 Passive Rechnungsabgrenzungsposten
3 Sonstige Verbindlichkeiten
1 Rückstellungen

____ P.

8. Aufgabe

Hinweis: Die Gutschrift schmälert den Erlös des Verkäufers. Deshalb wird „Nachlässe an Kunden“ im Soll gebucht. Außerdem muss die Umsatzsteuer korrigiert werden, da sich ja der Umsatz reduziert hat. Schließlich vermindern sich die Forderungen des Verkäufers.

Soll	Haben
[1] [4]	[ ] [5]

____ P.

9. Aufgabe

Hinweis: Dies ist eine „normale“ Eingangsrechnung. Das Konto Wareneingang nimmt zu, da die Waren eingebucht werden. Die Warenbezugskosten werden bei Einkauf ausgewiesen. Außerdem wird selbstverständlich die Vorsteuer verbucht und da es sich um eine Rechnung handelt, die wir noch begleichen müssen, werden Verbindlichkeiten aufgebaut.

Soll	Haben
[7] [5] [4]	[ ] [ ] [2]

___ P. **10. Aufgabe**

Hinweis: Es handelt sich hierbei nicht um fixe Kosten, da auf der vertikalen Achse die Stückkosten und nicht die Gesamtkosten abgetragen sind.

2 Proportionale Stückkosten

___ P. **11. Aufgabe**

Hinweis: Die Monatsmiete fällt in gleichbleibender Höhe an (fix), ebenso die pauschale Feuerversicherungsprämie (fix) und das Gehalt für die Lagerleiterin (fix). Alle anderen Kosten ändern sich in Abhängigkeit von der umgesetzten Warenmenge (variabel).

Kostenarten in Abhängigkeit vom Beschäftigungsgrad	Kosten	
❶ Fix	1	Monatsmiete für das Lager
❷ Variabel	2	Wareneinsatz
	1	Pauschale Feuerversicherungsprämie
	2	Provision für den Außendienstmitarbeiter
	2	Ausgangsfrachten
	1	Gehalt für die Lagerleiterin

___ P. **12. Aufgabe**

Hinweis: Fremdkapital = Langfristige Darlehensschulden + Verbindlichkeiten

5.100,00 T€ + 750,00 T€ = **5.850,00 T€**

___ P. **13. Aufgabe**

Hinweis: Warenrohgewinn = Warenverkaufserlöse – Wareneinsatz

60.000,00 T€ – 25.600,00 T€ = **34.400,00 T€**

___ P. **14. Aufgabe**

Hinweis: Reingewinn = Summe aller Erträge minus Summe aller Aufwendungen = Warenverkaufserlöse + sonstige Erträge – Abschreibungen – Personalaufwand – Sonstige Aufwendungen – Wareneinsatz

60.000,00 T€ + 5.000,00 T€ – 1.500,00 T€ – 12.000,00 T€ – 4.800,00 T€ – 25.600,00 T€ = **21.100,00 T€**

___ P. **15. Aufgabe**

Hinweis: Durch den Leasingvertrag wird die Bill & Eckhardt KG nicht Eigentümer an dem Lieferwagen, Eigentümer bleibt die Bank/der Leasinggeber. Dadurch ist Antwort 1 falsch und gleichzeitig Antwort 3 richtig. Sicherheiten müssen aus dem Eigentum des Kreditnehmers stammen. Da der Leasingvertrag über 24 Monate geschlossen wurde, kann die Bill & Eckhardt KG nicht problemlos jederzeit aussteigen (Antwort 2). Die Bill & Eckhardt KG muss keinen Kredit aufnehmen, um den Anschaffungspreis zu finanzieren, da sie diesen sozusagen über monatliche Leasingraten umgelegt bezahlt (Antwort 4). Eine Dauerbelastung mit Fixkosten liegt vor, da die Leasingrate in gleichbleibender Höhe über 24 Monate gezahlt werden muss (Antwort 5).

3 Der Lieferwagen kann nicht als Sicherheit für einen weiteren Kredit dienen.

___ P. **16. Aufgabe**

Hinweis: Aussage 3 beschreibt die Forderungsabtretung/Zession, die Aussage 5 hingegen den Eigentumsvorbehalt. Die Pfandsicherung wird in Aussage 6 beschrieben.

1 Sicherungsübereignung
4 Bürgschaft
2 Grundschuld

___ P. **17. Aufgabe**

Hinweis: Betriebsergebnis = Leistungen – Kosten (auch Zusatzkosten)
Abgrenzungsergebnis = Gesamtergebnis – Betriebsergebnis

1 Sie wirken sich auf die Abgrenzungsrechnung und auf das Betriebsergebnis aus.

___ P. **18. Aufgabe**

Hinweis: Bestandskonten haben einen Anfangs- und Endbestand. Aktive Bestandskosten (stehen in der Bilanz auf der Aktivseite) haben ihren Anfangsbestand im Soll und den Endbestand im Haben. Bei passiven Bestandskonten ist dies umgekehrt.
Aufwands- und Ertragskonten hingegen werden über die GuV abgeschlossen und verändern somit das Eigenkapital.

3 Trifft nur auf aktive Bestandskonten zu.
5 Trifft nur auf passive Bestandskonten zu.
1 Trifft sowohl auf aktive als auch auf passive Bestandskonten zu.
4 Trifft nur auf Aufwandskonten zu.
2 Trifft nur auf Ertragskonten zu.
6 Trifft sowohl auf Aufwandskonten als auch auf Ertragskonten zu.

____ P.

19. Aufgabe

Hinweis:
Allgemein gilt: Deckungsbeitrag = Erlös – variable Kosten

	Paar Fußballschuhe Modell Messi
Listenverkaufspreis	70,00 €
Rabatt 10 %	7,00 €
Zielverkaufspreis	63,00 €
Skonto 3 %	1,89 €
Barverkaufspreis	61,11 €
variable Handlungskosten	10,00 €
DB	51,11 € – 45 € (Bezugspreis) = 6,11 €

Deckungsbeitrag = **6,11 €**

____ P.

20. Aufgabe

Hinweis: Die Zinszahlung (Zinsaufwand, Erfolgskonto) und die Rückzahlung der Darlehensschulden (Verbindlichkeiten gegenüber KI, passives Bestandskonto) kann in einem Schritt erfolgen. Die Belastung des Bankkontos (Kreditinstitute) findet auf der Habenseite statt (da es ein Aktivkonto ist).

Soll	Haben
[1] [5]	[ ] [2]

____ P.

21. Aufgabe

[3] Abschluss des GuV-Kontos
[2] Abschluss der Erfolgskonten
[1] Vorbereitende Abschlussbuchungen
[4] Abschluss der Bestandskonten über das Schlussbilanzkonto

____ P.

22. Aufgabe

Hinweis:
12 % des aktuellen Umsatzes: 4.000.000,00 € · 12 % = 480.000,00 € (ohne Preissteigerung)
Da eine geschätzte Preissteigerung von 2 % vorliegt, muss das Budget um 2 % erhöht werden: 480.000,00 € · 2 % = 9.600,00 €
Gesamtbudget für Verwaltung (inkl. Preissteigerung) =
480.000,00 € + 9.600,00 € = **489.600,00 €**

___ P.

23. Aufgabe

Hinweis: Der Warenendbestand laut Inventur wird über das Schlussbilanzkonto ausgebucht.
Der erste Buchungssatz ist falsch, da es WE an WBK 520.000 € lauten müsste.
Der dritte Buchungssatz ist falsch, da der Verrechnungsbuchungssatz der Steuerkonten immer Ust an Vst lautet.
Der vierte Buchungssatz ist falsch, da der Betrag falsch ist
Die Buchungssätze 5 und 6 wären bei einer Bestandserhöhung zu buchen, hier liegt aber eine Bestandsminderung vor, da der Schlussbestand des Kontos Warenbestand um 80.000 € niedriger ist als der Anfangsbestand

2 Schlussbilanzkonto (940) 720.000 € an Warenbestände (390) 720.000 €

Aufgabe 24 und 25

Hinweis:

S	*301 Wareneingang*		H
	14.270.000	***GuV***	***14.870.000***
302	*520.000*		
390	*80.000*		
	14.870.000		*14.870.000*

S	*302 Warenbezugskosten*		H
	520.000	*SB*	*520.000*

S	*390 Warenbestände*		H
	800.000	*301*	*80.000*
		SB	*720.000*
	800.000		*800.000*

S	*801 Warenverkauf*		H
GuV	*28.420.000*		28.420.000

S	*GuV*		H
WE	*14.870.000*	*WV*	*28.420.000*
	13.550.000		
	(= Rohgewinn)		

___ P.

24. Aufgabe

Hinweis: Der Wareneinsatz ist der Saldo des Kontos „Wareneingang". Der Wareneingang wird erhöht um die Warenbezugskosten. Die Differenz des Warenbestandskontos (Soll) zum Inventurergebnis (Ist) wird über das Wareneingangskonto ausgeglichen (hier ein Mehrbestand).

Wareneinsatz = **14.870.000,00 €**

___ P.

25. Aufgabe

Hinweis: Der Rohgewinn ergibt sich aus der Differenz zwischen Warenverkauf und Wareneingang (jeweils Schlussbestände).

Warenrohgewinn = 28.420.000,00 € – 14.870.000,00 € = **13.550.000,00 €**

___ P.

26. Aufgabe

Hinweis: Differenz zwischen Umsatzsteuer und Vorsteuer. Die zu zahlende Umsatzsteuer geschmälert um bereits entrichtete Vorsteuer wird an das Finanzamt abgeführt.
940.000,00 – 770.000,00 = 170.000,00
Die Konten werden immer (!) mit dem Buchungssatz „Ust an Vst" gegeneinander abgeschlossen.

S	*Vorsteuer*		*H*
	770.000	*Ust*	*770.000*

S	*Umsatzsteuer*	*H*
Vst	*770.000*	*940.000*
Zahllast	***170.000***	
	940.000	*940.000*

Zahllast = **170.000,00 €**

___ P.

27. Aufgabe

Hinweis:
Erlöse – variable Kosten = Deckungsbeitrag
x steht für die noch unbekannten variablen Kosten:
Verkaufspreis – x = DB | + x
Verkaufspreis = DB + x | – DB
Verkaufspreis – DB = x

$$95 - x = 15 \quad | + x$$
$$95 = 15 + x \quad | - 15$$
$$x = 80$$

variable Kosten pro Stück = **80,00 €**

___ P.

28. Aufgabe

Hinweis:
Betriebsergebnis = DB · verkaufte Stückzahl – fixe Kosten

		„Golf 2000"		„Birdie"	
Betriebsergebnis gesamt	=	(35 € · 650)	+	(15 € · 490)	– 20.000,00 €
	=	22.750,00 €	+	7.350,00 €	– 20.000,00 €
	=	**10.100,00 €**			